मुशायरों की दास्तान

क्या रहा है मुशायरों में अब

लोग कुछ जमा आन होते हैं

मुशायरों की दास्तान

क्या रहा है मुशायरों में अब

लोग कुछ जमा आन होते हैं

इक़बाल रिज़वी

वाणी प्रकाशन

वाणी प्रकाशन

4695, 21-ए, दरियागंज, नयी दिल्ली 110 002

फ़ोन : +91 11 23273167 फ़ैक्स : +91 11 23275710

शाखाएँ

अशोक राजपथ, पटना 800 004, बिहार

कॉफ़ी हाउस कैम्पस, महात्मा गांधी मार्ग, इलाहाबाद 211 001, उत्तर प्रदेश

महात्मा गांधी अन्तरराष्ट्रीय हिन्दी विश्वविद्यालय, वर्धा 442 001, महाराष्ट्र

सुल्तानिया रोड, मोतिया पार्क, भोपाल 462 001, मध्य प्रदेश

www.vaniprakashan.com
marketing@vaniprakashan.in
sales@vaniprakashan.in

KYA RAHA HAI MUSHAYARON MEIN AB
by Iqbal Rizvi

ISBN : 978-93-89915-19-8
History/Non-Fiction

पेपरबैक प्रथम संस्करण 2021

मूल्य : ₹ 199

सिटी प्रेस, दिल्ली-110 095 में मुद्रित

वाणी प्रकाशन का लोगो मक़बूल फ़िदा हुसेन की कूची से

अपनी माँ 'सरवर जहाँ' के नाम
जो मुझे बड़ा आदमी बनते देखना चाहती थीं
लेकिन मैं उनकी ख़्वाहिश पूरी नहीं कर सका।
माफ़ी चाहता हूँ अम्मी।

भूमिका

जब कुछ लिखा गया होगा तो उसे सुनाने की इच्छा भी जागी होगी। लोग जमा किये गये होंगे। फिर महफ़िलें जमने लगी होंगी। जब एक दिल की भावना बहुत से लोगों की आवाज़ बनने लगी होगी तो ऐसी महफ़िलें लोकप्रिय होने लगी होंगी। इन्हीं लोकप्रिय महफ़िलों का एक स्वरूप मुशायरे के रूप में सामने आया। कविता जहाँ भी रची गयी उसे सुनने–सुनानेवाले भी जमा हुए। राजमहलों, सामन्तों के दरबारों और विशिष्ट लोगों के जमघट के अलावा मेलों, चौपालों और सराय जैसी सार्वजनिक जगहों पर भी कविता ज़रूर सुनायी गयी होगी।

मुशायरे का आरम्भ यूँ तो दरबारों और राजमहलों से माना जाता है लेकिन अरब जगत में मेलों के अवसर पर शायरों के जुटने का इतिहास भी मिलता है। अरबी और फ़ारसी के ज़रिये मुशायरे के आयोजन भारत पहुँचे तो बरसों तक इसमें ख़ास लोग ही शामिल होते रहे। फिर जब उर्दू ने विस्तार पाया तो मुशायरों में कई वर्ग के लोग शामिल होने लगे। लाउडस्पीकर की ईजाद के बाद तो अनपढ़ से लेकर विद्वान तक मुशायरों में एक साथ देखे जाने लगे।

बीते दिनों के मुशायरे केवल तफ़रीह या मनोरंजन का ज़रिया नहीं थे। उन्होंने भाषा के स्कूल, बौद्धिक विमर्श के केन्द्र और जुल्म के ख़िलाफ़ एक परचम का रूप ले लिया। ऐसे हज़ारों लोग हैं जिन्होंने शायरी या साहित्य प्रेम का ककहरा मुशायरों से ही सीखा। मुशायरों ने उर्दू भाषा को जिस तरह से विस्तार दिया वैसा किसी भी भाषा के विस्तार का उदाहरण नहीं मिलता। जो शायरी राजमहलों, दरबारों

हवेलियों और बौद्धिक गोष्ठियों में पली–बढ़ी थी मुशायरों की वजह से वह बाज़ारों और भीड़ भरे चौराहों तक जा पहुँची।

कुछ दशक पहले तक होनेवाले विशेष या वार्षिक मुशायरे शायरी के उत्सव की तरह होते थे। रात–रात भर जाग कर शायरी सुनने–सुनानेवाली यह विश्व की इकलौती संस्था रही है। मुशायरों की ओर ऐसे लोग भी खिंचे चले आते थे जो उर्दू में शिक्षित नहीं थे या फिर शिक्षित ही नहीं थे। दूसरे विश्व युद्ध के बाद प्रगतिशीलता ने सभी भाषाओं के साहित्य को गहरे तक प्रभावित किया। उर्दू शायरी में प्रगतिशील, अतिबौद्धिक, प्रयोग के लिए प्रयोग, क्लिष्ट जैसी धाराएँ बहीं। लेकिन मुशायरे की एक अघोषित शर्त रही कि बात ऐसी कही जाये जिसे श्रोता तत्काल समझ सकें। यानी आमजन की भाषा में बात हो। मुशायरे की इस विशेषता ने उर्दू को तब बहुत सहारा दिया जब भारत विभाजन के बाद उर्दू, स्कूल–कालेजों में दम तोड़ने लगी थी।

समय के साथ–साथ मुशायरों के स्वरूप में बदलाव आये। राजनीति का सीधा दख़ल बढ़ा। सरकारी चाटुकारिता के लिए मुशायरों को ज़रिया बनाया जाने लगा। मुशायरों में तारीफ़ के नाम पर बेहूदगी बढ़ी और सदियों से चले आ रहे परम्परागत मुशायरों की सूरत ही बदल गयी। दुनिया की यह समृद्ध साहित्यिक परम्परा एक–दो दशक में नहीं विकसित हुई इसके पीछे सदियों की यात्रा है। मुशायरे की दुनिया में जैसे–जैसे और जो–जो बदलाव आते रहे वे बहुत दिलचस्प भी हैं और तकलीफ़देह भी।

अब पहले जैसी फ़ुरसतें नहीं बचीं। तकनीक की बदौलत सब कुछ इन्सान की मुट्ठी में समा गया है। ग़ालिब की ग़ज़लें अपने पसन्दीदा गायक की आवाज़ में जब चाहे तब सुनी जा सकती हैं। पूरा मुशायरा सुनने की ज़रूरत भी इंटरनेट ने ख़त्म कर दी है। मन– पसन्द शायरों की रिकार्डिंग यू ट्यूब पर मौजूद है। अब रात भर जाग कर मुशायरा कौन और क्यों सुने।

परम्परागत मुशायरों का स्वर और स्वरूप बदल चुका है। जो मुशायरे अदब सीखने की पाठशालाएँ होती थीं वे अभिनय के साथ

लयकारी के सहारे हिट होनेवाले शायरों के लिए नाट्य मंच बन गये हैं। हालाँकि जब तक इश्क़ ज़िन्दा है शायरी भी होती रहेगी। जब तक शायरी होती रहेगी उसे सुनने–सुनाने का सिलसिला भी चलता रहेगा। इतना ज़रूर है कि मुशायरों के परम्परागत स्वरूप की वापसी अब असम्भव है।

बीते दिनों को याद कर और मौजूदा मुशायरों की सूरत देख हमेशा दिल में ख़याल आता था कि आख़िर ये क्या हो रहा है। मुशायरे तो ऐसे नहीं हुआ करते थे। बरसों पहले मुशायरों में शामिल होकर जिन डायरियों पर शेर लिखा करता था वो अचानक हाथ लगीं तो दिल उदास हो गया। बस तभी से मुशायरे के इतिहास को लेकर जो भी मिलता गया उसे इकट्ठा करता रहा।

परम्पराएँ बदलती हैं और ख़त्म होती हैं। यह नयी बात नहीं है। ख़ास बात ये है कि कई परम्पराएँ अपने वास्तविक रूप में इतिहास में दर्ज नहीं हो पातीं और किंवदन्तियों के सहारे ही उन्हें याद किया जाता है। मुशायरे की परम्परा किंवदन्ती ना बन जाये इसलिए देवनागरी जानने वालों के लिए मुशायरों के जन्म और विकास को सिलसिलेवार ढंग से एक पुस्तक के रूप में पेश करने की कोशिश भर है यह पुस्तक। प्रस्तुत पुस्तक मुशायरों का मर्सिया (शोक गीत) नहीं है। यह एक समृद्ध साहित्यिक परम्परा के उद्‌भव, विकास और पतन की कहानी है। जितने तथ्य जुट सके उनके आधार पर ही ये कहानी कही गयी। हालाँकि इस कहानी को बयान करने में चूक भी हुई होंगी। उसके लिए माफ़ी चाहता हूँ।

–इक़बाल रिज़वी

आभार

यह किताब केवल मित्र अनन्त विजय और संजीव पालीवाल की वजह से तैयार हो सकी। उन्होंने लेखन में मेरी काहिली और लापरवाही के लिए मुझे इतना कोसा कि शर्मिन्दा होकर किताब लिख ही डाली। अपने मित्र और पत्रकार लईक रिज़वी, अन्नू रिज़वी, खालिद आबदी का शुक्रिया जिन्होंने अपने सुझाव तो दिये ही साथ ही मुशायरों के इतिहास से सम्बन्धित जो भी सामग्री हाथ लगी वह मुझ तक पहुँचायी। साथ ही उन तमाम शायरों और साहित्यकारों का शुक्रिया जिन्होंने मुशायरों के सिलसिले में मुझसे बातचीत करने का वक़्त निकाला।

मेरे लेखन को व्यवस्थित करने में हमेशा मेरी मददगार रहीं मेरी पत्नी डॉ. जीनत हसनैन का भी शुक्रिया। उन्होंने मुझ जैसे बिखरे हुए को समेटने में मदद न की होती तो दोस्त एहबाब लाख कोसते रहते लेकिन किताब तैयार ना हो पाती।

एक सुझाव

इस पुस्तक में कई शब्द ऐसे आयेंगे जिनके अर्थ पहले से ही मालूम कर लिए जायें तो विषय को समझने में आसानी होगी। ऐसे पारिभाषिक शब्दों की जानकारी नीचे दी जा रही है।

कलाम–इसका अर्थ है रचना। किसी शायर की रचनाओं को उस शायर का कलाम कहा जाता है।

ग़ज़ल–यह अरबी भाषा का शब्द है, जिसका अर्थ है स्त्री से बात करना। इसके अलावा शिकारियों से घिरे हुए हिरण की करुणाजनक चीख़ों को भी अरबी भाषा में ग़ज़ल कहते हैं। लेकिन ग़ज़ल यहीं तक सीमित नहीं है। श्रृंगार रस और प्रेम भावों के अलावा इसमें अध्यात्म, दर्शन, राजनीति, नैतिक सिद्धान्त आदि विषयों और विचारों को भी सरस और मीठे शब्दों में प्रस्तुत किया जाता है। ग़ज़ल में अधिकतर आन्तरिक भावनाओं का उल्लेख होता है। ग़ज़ल का हर शेर अलग–अलग पूर्ण अर्थ रखता है। वैसे पूरी ग़ज़ल में शुरू से अन्त तक एक ही विचार भी हो सकता है। ऐसी ग़ज़ल को ग़ज़ले मुसलसल कहते हैं। लेकिन ऐसी ग़ज़लें कम ही लिखी गयी हैं।

ग़ज़ल में गुल, बुलबुल, चमन, कफस (पिंजड़ा), नशेमन (घर) जैसे शब्द प्रतीक के रूप में प्रयोग में लाये जाते हैं। ग़ज़ल की विशेषता यह मानी जाती थी कि इसमें भावनाओं को सीधे (डायरेक्ट) व्यक्त नहीं किया जाता था। महबूब (प्रेमी) से शिकायत भी करनी हो तो उसे घुमाफिरा कर ऐसे लहजे में कहा जाता है कि महबूब को बुरा न लगे।

शेर–दो पंक्तियाँ, जिनकी मात्राएँ बराबर हों मिलकर शेर कहलाती हैं। हिन्दी के दोहे या चौपाई को शेर कह सकते हैं। शेर की अलग–अलग पंक्तियों को मिसरा कहा जाता है। ग़ज़ल में कम–से–कम पाँच शेर होते हैं। अधिक–से–अधिक की कोई सीमा नहीं है।

मतला–इसका अर्थ है उदय होने का स्थान। ग़ज़ल के पहले शेर को मतला कहते हैं। प्राचीन शायर अपनी ग़ज़लों में एक मतला कहते थे। बाद में शायरों ने कई–कई मतले कहने शुरू किये। पहले मतले के बाद वाला मतला हुस्ने मतला कहा जाता है।

मक़्ता–ग़ज़ल का अन्तिम शेर मक़्ता कहलाता है। इसमें शायर अपने नाम का उल्लेख करता है। मक्ता इसलिए भी ज़रूरी माना जाता था कि इससे ग़ज़ल के समाप्त होने का पता भी चल जाये। उर्दू ग़ज़ल के नियमों के मुताबिक़ ग़ज़ल में मतला और मक़्ता होना अनिवार्य है वरना ग़ज़ल अधूरी मानी जायेगी लेकिन लम्बे समय से ग़ज़लों में शायर द्वारा अपने नाम का उल्लेख किये जाने की परम्परा धीमी पड़ गयी है।

रदीफ़–प्रत्येक शेर में 'क़ाफिये' के बाद जो शब्द आता है उसे 'रदीफ़' कहते हैं। पूरी ग़ज़ल में रदीफ़ एक होती है।

क़ाफ़िया–वह शब्द जो मतले की दोनों पंक्तियों में और हर शेर की दूसरी पंक्ति में रदीफ़ के पहले आये उसे 'क़ाफ़िया' कहते हैं। काफ़िया अरबी भाषा का शब्द है जिसका अर्थ है पीछे चलनेवाला या लगातार आनेवाला। हिन्दी में इसे तुक और अंग्रेज़ी में राइम कहा जाता है।

मिसाल के तौर पर नासिर काज़मी की इस ग़ज़ल में रदीफ़ और क़ाफ़िये का प्रयोग देखा जा सकता है–

दिल में एक लहर सी उठी है अभी
कोई ताज़ा हवा चली है अभी
भरी दुनिया में जी नहीं लगता
जाने किस चीज़ की कमी है अभी

शहर की बे चिराग गलियों में
ज़िन्दगी तुझ को ढूँढ़ती है अभी
सो गये लोग उस हवेली के
एक खिड़की मगर खुली है अभी
वक़्त अच्छा भी आयेगा 'नासिर'
ग़म न कर ज़िन्दगी पड़ी है अभी

इस ग़ज़ल में उठी, कमी, ढूँढ़ती, खुली, पड़ी, क़ाफ़िया है जबकि मतले की दोनों पंक्तियों और हर शेर की दूसरी पंक्ति में आनेवाला 'है अभी' क़ाफ़िया कहलायेगा। ग़ज़ल में क़ाफ़िया एक ही होता है।

तख़ल्लुस—प्राचीन ईरान में शायरों ने कविता में अपना उपनाम शामिल करना शुरू किया। शायर का जो असली नाम होता था उसके अलावा एक उपनाम एक अनिवार्य सी शर्त हो गयी थी। उदाहरण के लिए पूरा नाम मिर्ज़ा असद उल्ला ख़ाँ था लेकिन शायरी के लिए उपनाम ग़ालिब रखा। यह उपनाम ही तख़ल्लुस कहलाता है।

हासिले मुशायरा ग़ज़ल—मुशायरे में जो सबसे अच्छी ग़ज़ल हो उसे 'हासिले मुशायरा' ग़ज़ल कहते हैं। इसी प्रकार ग़ज़ल के सबसे अच्छे शेर को हासिले ग़ज़ल शेर कहा जाता है।

नज़्म—वैसे तो हर कविता को नज़्म कहते हैं लेकिन मोटे तौर पर ग़ज़ल को छोड़कर दूसरी कविताओं को नज़्म कहते हैं। पहले नज़्म छन्दबद्ध हुआ करती थी लेकिन फिर मुक्त छन्द कविताओं का चलन शुरू हुआ। मुक्त छन्द कविताओं को आज़ाद नज़्म कहते हैं।

दीवान—अधिकतर ग़ज़लों के संग्रह को दीवान कहते हैं। किसी कवि की समस्त रचनाओं के संग्रह को कुल्लियात कहते हैं।

इस्लाह—इसका शाब्दिक अर्थ है संशोधन। सम्भवतः यह परम्परा ईरान से शुरू हुई। वहाँ विद्वानों का मानना था कि जिस तरह बिना गुरु के ज्ञान नहीं हासिल किया जा सकता उसी तरह बिना किसी वरिष्ठ शायर को उस्ताद बनाये अच्छी शायरी भी नहीं की जा सकती। विशेषकर ग़ज़ल में रदीफ़ और क़ाफ़िया के

अलावा विषय के अनुरूप उचित शब्दों का चयन और शेर कहने का अन्दाज़ भी महत्त्व रखता है। इसलिए नये शायरों के लिए यह प्रथा अनिवार्य थी कि वे किसी विद्वान को अपना कलाम दिखाये ताकि उसमें व्याकरण और मीटर सम्बन्धी कोई कमी हो तो उसे संशोधित किया जा सके। इस नियम का बादशाहों से लेकर आम लोग भी पालन करते थे।

अनुक्रम

ये क्या जगह है दोस्तो

स्टेज पर आपस में बातें करते कुछ शायर। माइक पर ग़ज़ल सुनाता एक नया शायर और सामने बैठे जम्हाई लेते आपस में हँसी–मज़ाक़ करते श्रोता। जिनके हावभाव से यह समझ में नहीं आ रहा था कि वे किसी मुजरे के दर्शक–श्रोता हैं, किसी कव्वाली कॉम्पिटीशन का अवसर है या फिर किसी साहित्यिक महफ़िल में हिस्सा ले रहे हैं। ये थी दिल्ली में आयोजित एक राष्ट्रीय स्तर के मुशायरे की बानगी। लोग बैठे इन्तज़ार कर रहे थे मुशायरों के सुपरहिट शायरों का, कि कब वो माइक सँभालें। इन शायरों ने अपनी बारी आने पर माइक ज़रूर सँभाला लेकिन पचासों बार सुनायी हुई रचनाएँ सुनायीं। कुछ ने तो अपनी रचनाओं पर इस तरह दाद माँगी जैसे सुननेवालों ने कोई क़र्ज़ लिया था जिसकी वसूली के लिए उन्हें बार–बार टोका जा रहा है। फिर मुशायरा ख़त्म हुआ और लोग अपने घर लौटने लगे। मौजूदा दौर में होनेवाले मुशायरों की कमोबेश यही सूरत रह गयी है।

तो क्या ये मान लिया जाये कि आल इंडिया स्तर के मुशायरों से शायरी ख़त्म हो गयी। दस–पन्द्रह बरस पहले तक हालत ऐसी नहीं थी। मुशायरों में तब भी लोग सुपरहिट शायरों को सुनने के लिए आते थे लेकिन तब मुशायरों की गहमागहमी अलग हुआ करती थी। श्रोताओं के जमघट के किसी कोने में लड़के–लड़कियाँ कापियाँ लिए बैठे होते थे ताकि ग़ज़लें नोट की जा सकें। इस तरह की रवायत शायद छोटे शहरों में बची हो लेकिन महानगरों में होनेवाले मुशायरे

अब सिर्फ़ मनोरंजन, सामाजिक, राजनीतिक लाभ लेने के मौक़े बन गये हैं। इसे इस तरह से भी देखा जा सकता है कि हमारा समाज तेज़ी से बदला है उसी अनुपात में कला और संस्कृति के क्षेत्र में भी बदलाव आया है ज़ाहिर है ऐसे में मुशायरे कैसे अलग रहकर अपनी पुरानी पहचान बनाये रह सकते हैं।

कुछ अपनी कहो कुछ मेरी सुनो

मुशायरे का आज भले ही जो भी रूप हो लेकिन मुशायरा अपने आप में बहुत शक्तिशाली संस्था रहा है जिसने उर्दू भाषा और संस्कृति के विकास और भारत की साँझा संस्कृति को बढ़ावा देने के क्षेत्र में जो उल्लेखनीय काम किया वैसा और कोई दूसरी संस्था नहीं कर सकी। संसार की किसी भी भाषा के पास मुशायारे जैसी मज़बूत साहित्यिक संस्था नहीं है। यहाँ तक कि उर्दू मुशायरे की परम्परा जिस अरबी और फ़ारसी भाषा से ली गयी उन भाषाओं में भी इतनी शक्तिशाली और समृद्ध परम्परा मौजूद नहीं है। पाब्लो नेरूदा जब भारत आये तो अली सरदार जाफ़री उन्हें एक मुशायरे में ले गये। मुशायरे के बाद पाब्लो नेरूदा ने कहा कि भारत के बाहर कोई यह सोच भी नहीं सकता की किसी देश में शायरी की लोकप्रियता का यह आलम हो सकता है कि रात भर सैकड़ों लोग बैठकर कविता सुनते रहें। उन्होंने कहा कि उर्दू मुशायरे किसी भी भाषा के शायरों के लिए ईर्ष्या का विषय बन सकते हैं।

अब बात मुशायरे की कर ली जाये। मुशायरा क्या है? दरअसल मुशायरा साथ मिल–बैठकर कविता पाठ करने की प्राचीन परम्परा का विकसित और व्यवस्थित रूप है। मनुष्य ने जब अपने मनोभावों को ख़ास अन्दाज़ में व्यक्त करना शुरू किया होगा तो उसे ज़रूरत पड़ी होगी ऐसे लोगों की जो उसकी बात सुन सकें। किसी भी भाषा की कविता हो उसके रचयिता के मन में यह भाव हमेशा से रहा है कि उसकी रचना को दूसरे भी सुनें। कविता हर व्यक्ति नहीं कर

सकता इसलिए कवियों को समाज में ख़ास स्थान मिला होगा। उसकी रचना को सुनने की जिज्ञासा स्वाभाविक रूप से लोगों में रहती होगी। इसीलिए कवि अपनी रचनाएँ दूसरों को सुनाता होगा। साथ में बैठ कर दूसरे को सुनने की मनुष्य की प्रवृत्ति ने ही बैठक की बुनियाद डाली होगी। यही बैठकें आगे चलकर गोष्ठियों और मुशायरे में बदलीं। शायद हर भाषा के लोगों में यह प्रवृत्ति रही होगी कि उनकी रचना दूसरों को सुनायी जाये।

भारत के प्राचीन समाज में भी कविता को लोगों के बीच बैठ कर सुनाये जाने के प्रमाण मिलते हैं। शायरी करना भारतीय प्राचीन समाज में सम्मान की बात समझी जाती थी। राजशेखर (880–960 ईस्वी) ने अपनी पुस्तक काव्य–मीमांसा में कवि और कविता को लेकर कई महत्त्वपूर्ण बातें लिखी हैं। जिनसे पता चलता है कि प्राचीन भारत में कवि को क्या महत्त्व दिया जाता था। काव्य–मीमांसा के मुताबिक़ कवि के लिए अनिवार्य है कि वह लगातार अध्ययन करता रहे। भाषा, मन और व्यवहार में पवित्र रहे। उसका मकान साफ़–सुथरा रहे। उसके नौकर अपभ्रंश में बात करनेवाले हों। घर के लोग संस्कृत और प्राकृत के जाननेवाले हों। लिखने का सामान जैसे खड़िया, क़लम, दावात और भोजपत्र हमेशा उसके सामने मौजूद रहें।

कवि अपनी अधूरी कविता दूसरों को ना सुनाये। वह अपनी दिनचर्या को चार भागों में बाँट ले। सुबह पूजा–पाठ के बाद अध्ययन करे। अध्ययन का कमरा अलग हो। दिन के दूसरे पहर में वह काव्य रचना करे। दोपहर के समय वह नहा–धोकर खाना खाये। भोजन के बाद वह काव्यगोष्ठी आयोजित करे। शाम के बाद वह अपनी कृतियों को फिर से पढ़े और उन्हें अच्छी तरह जाँचे–परखे। और गोष्ठी में उसकी कविता को लेकर जो विचार व्यक्त किये गये हों उन पर फिर से ध्यान दे और ज़रूरी समझे तो अपनी कविता में संशोधन करे।

राजशेखर ने पुस्तक में कवि की दिनचर्या के बारे में जितने विस्तार से लिखा है उससे अनुमान लगाया जा सकता है कि ऐसी दिनचर्या वही कवि अपना सकता होगा जिसे कविता के अलावा और

कोई काम न हो। भारत में दसवीं शताब्दी तक कविता का इतना महत्त्व बढ़ गया था कि कवि होना पूर्णकालिक व्यवसाय बन गया होगा। लेकिन यह ज़रूर है कि कविता को राजदरबार में ही पढ़ा–सुना जाता था। बात आधुनिक मुशायरे की संरचना की करें तो नज़र अरब और ईरान पर जाकर ठहरती है। वहाँ सदियों पहले से शायरी को आमजन के बीच पढ़ने की परम्परा रही है।

आओ कि कोई ख़्वाब बुनें

अरब समाज में इस्लाम के जन्म से पहले ही शायरी को बहुत महत्त्व मिल चुका था। वहाँ की क़बीलों वाली सामाजिक संरचना के अन्दर कवि को बहुत आदर भाव से देखा जाता था। हर क़बीले में कुछ शायर ऐसे होते थे जिन्हें उस क़बीले की ज़बान समझा जाता था। अरब के लोग शायर को अलौकिक शक्ति का मालिक समझते थे। वैसे तो बस्तियों में शायरी की गोष्ठियाँ हुआ करती थीं लेकिन परम्परा के मुताबिक़ मेलों और त्योहारों के मौक़े पर शायर अपना कलाम सुनाते थे। दरअसल मेलों और त्योहारों में काफ़ी भीड़ जमा होती थी और शायर को अधिक–से–अधिक लोगों तक अपना कलाम पहुँचाने का इससे बेहतर दूसरा मौक़ा नहीं मिलता था। यही नहीं इन मौक़ों पर शायरी के मुक़ाबलों का भी आयोजन किया जाता था।

दुनिया भर में प्राचीन व्यवस्था पर नज़र डालें तो ये बात साफ़ उभर कर सामने आती है कि सभ्यताओं के विकास के साथ ही आवश्यक वस्तुओं को हासिल करने और सामूहिक मिलन की व्यवस्था के रूप में मेले सबसे महत्त्वपूर्ण संस्था थे। भारत और चीन ही नहीं अरब और ईरान में भी ख़ास अवसरों पर बड़े मेले और वैसे नियमित रूप से मासिक मेले आयोजित किये जाते थे। भारत में फ़सल कटने के बाद और धार्मिक स्नान के अवसर पर मेले अनिवार्य रूप से आयोजित होते थे। उस समय के समाज के लिए यह बड़ी घटना होती थी।

अरब में भी मेलों का ख़ास महत्त्व होता था। जीवनभर छोटी–छोटी बातों पर युद्ध में लिप्त रहनेवाले अरब क़बीलों में एक अलिखित समझौता था कि गर्मियाँ कम होने के बाद मेलों का आयोजन होगा और 15 दिन से एक महीना तक चलनेवाले मेलों के दौरान किसी भी तरह का युद्ध नहीं होगा। ये मेले अरब जगत में शान्तिकाल की तरह हुआ करते थे। इस अवसर पर इकट्ठा होकर शायरों की रचनाएँ सुनना मेले का अनिवार्य अंग समझा जाता था। मुशायरों की बुनियाद का ये अहम पड़ाव माना जा सकता है।

हालाँकि आरम्भ में अरबी भाषा की शायरी में प्रियतम और अपनी या अपने क़बीले की बहादुरी को शायरी का विषय बनाया गया। अरबों के लिए सबसे महत्त्वपूर्ण समय तब आता था जब काबे के पास वार्षिक मेला आयोजित होता और उसमें शायरी के मुक़ाबले जीतनेवाले शायर के कलाम को सुन्दर अक्षरों से चमड़े की खाल या कपड़े पर उकेरकर काबे की दीवार पर टाँगा जाता था। यह अरब जगत में शायरी का सबसे बड़ा सम्मान माना जाता था। जिस शायर को ये सम्मान मिलता था उसका कबीला कई दिन तक अपने शायर की उपलब्धि पर जश्न मनाता था। किस क़बीले में कितना प्रख्यात शायर है इससे उस क़बीले के महत्त्व का अन्दाज़ा लगाया जाता था। क़बीले की ज़बान माना जानेवाला शायर अगर किसी लड़की की तारीफ़ में कसीदा लिख देता था तो उस लड़की से शादी के लिए होड़ मच जाती थी।

शायरी की जड़ें अरब जगत में बहुत गहरे तक बैठी हुई थीं। अरब में युद्ध के समय जब दो योद्धा आमने–सामने आते थे तो दोनों एक के बाद एक अपने क़बीले, परिवार और ख़ुद की बहादुरी का बखान करते थे। इसे रजज़ पढ़ना कहते थे और ये रजज़ कविता के रूप में सुनायी जाती थी। उस युग में जितना सम्मान युद्ध जीतनेवाले सैनिकों को मिलता था उतना ही युद्ध में उत्साह बढ़ानेवाली कविताएँ लिखनेवाले शायर को भी हासिल होता था।

उस समय अरब और ईरान सहित अन्य देशों में युद्ध के दौरान सेना के साथ शायर भी होते थे जो युद्ध का वर्णन काव्य में रच कर बादशाह के सामने पेश करते थे। इसके अलावा सैनिकों में उत्साह बढ़ाने के लिए भी ये शायर सैनिकों को जोश दिलानेवाली रचनाएँ सुनाया करते थे। सामान्य दिनों में ये लोग बादशाहों, सामन्तों और उनके परिजनों की प्रशंसा में कविता लिखने का काम करते थे। किसी की तारीफ़ में कविता लिखने को क़सीदा कहा जाता है। इतिहासकारों के मुताबिक़ ये परम्परा अरबी भाषा में विकसित हुई और फिर ईरान की फ़ारसी भाषा ने इसे अपनाया। कुछ इतिहासकार मानते हैं कि क़सीदे का जन्म फ़ारसी भाषा में हुआ।

हमने भी कुछ लिखा है

भाषा और संस्कृति को लेकर ईरान और अरब जगत में सदियों से प्रतिद्वन्द्विता रही है। शायद भौगोलिक कारणों से अरबों का जीवन काफ़ी कठिन और यायावरी वाला रहा और इसी का असर उनकी संस्कृति पर भी पड़ा। जबकि इस्लाम के उदय से भी काफ़ी पहले से ईरानी बेहद सुसंस्कृत क़ौम मानी जाती रही है। अरब की तरह ईरान में भी शायरी को काफ़ी महत्त्व दिया जाता था। ईरान में शायरी के जौहर प्रदर्शित करने के लिए साल में दस दिनों का अवसर आता था। हर साल ईरानी नव वर्ष, नौरोज़ के अवसर पर पूरे देश में दस दिन का जश्न मनाया जाता था। सदियों बाद ये परम्परा आज भी कायम है। नौरोज़ के मौक़े पर बादशाह और सामन्तों के दरबार में शायरी की महफ़िलें होती थीं। परम्परा के मुताबिक़ बादशाह और उसके परिवार की शान में क़सीदे सुनाये जाते थे। नौरोज़ के मौक़े पर जितनी बड़ी संख्या में लोग शायर को सुनते थे वैसा दूसरा अवसर शायर को साल भर नहीं मिल पाता था। ईरान में क़हवाघर (चाय की दुकान) की भी प्राचीन परम्परा रही है। ये क़हवाघर शायरों के नियमित मिलने की जगहें हुआ करती थीं।

ईरान में शुरुआती दौर में शायरी के प्रमाण क़सीदे के रूप में मिलते हैं। क़सीदा यानी प्रशंसा। क़सीदा बादशाह और उसके दरबार के प्रभावशाली लोगों की प्रशंसा में लिखा जाता था। क़सीदा छन्दबद्ध कविता होती थी इसमें 100 या उससे अधिक छन्द हुआ करते थे। शायर बादशाह के दरबार में क़सीदा सुनाता तो दरबार

में बैठे लोग उसकी प्रशंसा करते और बादशाह की बहुत अधिक या अकल्पनीय प्रशंसा किये जाने पर बादशाह शायर को इनाम दिया करता था। दरबार में शायरी सुनानेवाला शायर सम्मान की दृष्टि से देखा जाता था।

बहरहाल इस बात पर कोई मतभेद नहीं है कि क़सीदे को उसका उच्चतम स्वरूप ईरान के फ़ारसी भाषी शायरों ने दिलवाया। और फ़ारसी भाषा में ही क़सीदे की कोख से ग़ज़ल ने जन्म लिया। दसवीं शताब्दी में ईरान में विश्व के महान कवि फिरदौसी के समय में ग़ज़ल फ़ारसी कविता की सर्वाधिक लोकप्रिय शैली बन चुकी थी। दसवीं से पन्द्रहवीं शताब्दी के बीच ईरान में निजामी, शेख सादी, रूमी, हाफ़िज और जामी जैसे ग़ज़ल के विश्वविख्यात शायर हुए। उन्होंने ग़ज़ल विधा को कविता की बुलन्दियों पर पहुँचा दिया।

आमतौर पर ग़ज़ल में 15 शेर हुआ करते थे। हर शेर का विषय अलग होता था। कभी–कभी एक ही विषय पर ग़ज़ल कह दी जाती थी लेकिन ग़ज़ल के हर शेर का अपना स्वतन्त्र अस्तित्व हो इसे हर शायर ने स्वीकार किया। धीरे–धीरे बादशाहों–सामन्तों और समाज के प्रबुद्ध वर्ग ने ग़ज़ल में हाथ आजमाना शुरू किया। इसके पीछे एक वजह ये भी थी कि किसी विषय पर पचास या सौ छन्द लिखने से कहीं आसान काम था 15 शेर की ग़ज़ल लिखना।

यही नहीं किसी को ग़ज़ल सुनाना भी आसान काम था इसके लिए दूसरे का ज़्यादा समय लिए बिना अपना कलाम सुनाया जा सकता था। इस मुद्दे पर शायर निदा फ़ाज़ली का कहना था कि नज़्म एक ही भाव के साथ अन्त तक जाती है लेकिन ग़ज़ल पहले शेर से आख़िरी शेर तक नयी–नयी कहानियाँ सुनाती है। ग़ज़ल एक साथ कई विचारों को एक ही मूड में फैलाती जाती है। इसके हर शेर के साथ दृश्य बदलता जाता है।

इश्क़ की चर्चा हर इन्सान को पसन्द है। यही कारण है कि दुनिया भर की शायरी में प्रेम को प्रमुख स्थान मिला है। लेकिन संसार में ईश्वर के अस्तित्व के रहस्य के बाद सबसे रहस्यमयी और

आकर्षक चीज़ प्रेम को जिस तरह उर्दू ग़ज़ल ने प्रस्तुत किया वह अपने आप में एक आश्चर्य है। मोहब्बत के इतने अनदेखे रंग और हर रंग के हज़ारों शेड, प्यार की राहों के लाखों मोड़ और रास्ते की अनगिनत भूलभुलैयों का जैसा वर्णन उर्दू ग़ज़ल ने किया वैसा संसार की किसी काव्य विधा में नहीं हुआ।

ग़ज़ल ने अपने प्रति मोह और आकर्षण पैदा किया जिसे महसूस करने या फिर हासिल करने के लिए लोग इसके पास आने के लिए बेकरार रहते हैं इसी बेकरारी ने मुशायरों को इतनी अहमियत दी कि मुशायरे उर्दू साहित्य के विकास और विस्तार का केन्द्र बन गये। इस तरह एक बात तो साफ़ हो जाती है कि मुशायरों की ज़रूरत और जन्म ग़ज़ल सुनने और सुनाने के लिए हुआ।

फिर उसके बाद चिरागों में रोशनी ना रही

भारत में मुशायरे वैसे तो फ़ारसी शायरी के लिए शुरू हुए लेकिन जब उर्दू के रूप में एक नयी भाषा सामने आयी तो मुशायरे की लोकप्रियता ने धूम मचा दी। उर्दू के विस्तार और विकास में मुशायरों ने कितना बड़ा योगदान दिया ये जानने के लिए संक्षेप में इस बात पर नज़र डालना ज़रूरी है कि उर्दू का जन्म किन परिस्थितियों में हुआ। किसी भाषा के जन्म की तहक़ीकात करना ख़ासा दिलचस्प काम है। और जब बात उर्दू की हो तो दिलचस्पियाँ इसलिए भी अधिक बढ़ जाती हैं कि इस भाषा को लेकर विवादों का लम्बा इतिहास रहा है। उर्दू के जन्म की पड़ताल कई विद्वानों ने की है उनमें एक नाम प्रोफ़ेसर एहतेशाम हुसैन का भी है जो इलाहाबाद विश्वविद्यालय में उर्दू के विभागाध्यक्ष थे। उन्होंने एक किताब लिखी 'उर्दू साहित्य का आलोचनात्मक इतिहास' इसमें उर्दू के जन्म और विकास की कहानी इस तरह दी गयी है।

हर भाषा की तरह उर्दू को भी सामाजिक ज़रूरतों ने जन्म दिया...उर्दू भाषा का इतिहास एक तरह से भारत का एक हज़ार साल का इतिहास है। दसवीं सदी के बाद कुछ ऐसी ऐतिहासिक सामग्रियाँ इकट्ठा हुईं जिनसे एक नयी भाषा उर्दू का जन्म हुआ...। देखा जाये तो भारत की भाषाओं में उस समय बड़ा बदलाव आया है जब देश के धार्मिक या राजनीतिक जीवन में कोई बड़ा आन्दोलन हुआ है। आर्यों के भारत आने से पहले यहाँ द्रविण भाषा और संस्कृति का विकास हुआ। आर्यों के आने के बाद उत्तर और मध्य भारत में आर्य बोलियों ने पहले की भाषाओं की जगह ले ली।

आर्यों का भारत आगमन भारतीय समाज में बहुत बड़ा बदलाव था। आर्यों के यहाँ स्थापित होने के बाद उत्तर भारत से वह भाषा ग़ायब हो गयी जिसने मोहनजोदाड़ो और हड़प्पा की सभ्यता को जन्म दिया था...। आर्यों के आने के बाद वैदिक संस्कृति का विस्तार हुआ। संस्कृत सबसे प्रभावशाली भाषा बनकर उभरी। आर्यों ने भारतीय समाज को वर्णों में इस तरह बाँट दिया कि उच्च जातियों और निम्न जातियों की बोलियों में अन्तर पैदा हो गया। संस्कृत के प्राचीन नाटकों में ब्रहम्मण राजा और मन्त्री संस्कृत बोलते हैं जबकि निम्न वर्ग के लोग प्राकृत बोलते हैं।

दूसरी बार भारतीय समाज के इतिहास में क्रान्तिकारी परिवर्तन आया बौद्ध धर्म के जन्म के बाद.। जब बौद्ध धर्म का प्रचार शुरू हुआ तो इसका असर लाखों लोगों पर पड़ा। उनके अनेक शिष्यों ने जो संस्कृत के विद्वान थे बुद्ध के उपदेशों को संस्कृत में संग्रहित करना चाहा लेकिन बुद्ध ने मना क़र दिया। उनका अनुरोध रहा कि सभी लोग उनके उपदेश अपनी मातृभाषा में ग्रहण करें क्योंकि संस्कृत केवल प्रबुद्ध वर्ग की भाषा थी। इस तरह एक धार्मिक आन्दोलन के ज़रिये भारत की प्राकृत भाषाओं को फूलने–फलने का अवसर मिला और इन बोलियों के साहित्यिक प्रयोगों में बहुत मदद मिली...भाषा के लिहाज से भारत में इस दौर में यानी ईसा से 600 साल पहले ये महान परिवर्तन आया...इस दौर में पाली, मगधी, शौरसेनी और दूसरी भाषाओं ने अपनी जड़ें फैलायीं और वो मज़बूत हुईं...। आगे चलकर बौद्ध धर्म का प्रभाव घटने और ब्राह्मणवाद के ज़ोर पकड़ने के युग में फिर भाषायी बदलाव हुए। विद्वानों ने इसे अपभ्रंश युग का नाम दिया है। अपभ्रंशों का सिलसिला 14वीं शताब्दी तक दिखायी देता है...। भारत में 1000 ईस्वी में फिर एक बड़ा राजनीतिक बदलाव तब हुआ जब यहाँ मुसलमानों का आगमन शुरू हुआ...वो जो बोलियाँ बोलते हुए यहाँ आये उनका स्वाभाविक रूप से भारत की मौजूदा बोलियों पर असर पड़ा।

मुसलमानों के भारत में बसते जाने के सिलसिले से भारत का सामाजिक जीवन एक ऐसी नयी राह पर चल पड़ा जिसमें बहुत

समय से कोई महत्त्वपूर्ण घटना नहीं घटी थी...मालाबार के तट पर पहले–पहले जो अरब व्यापारी पाँचवीं से सातवीं शताब्दी तक आते रहे उन्होंने किसी कामचलाऊ बोली के ज़रिये व्यापार किया होगा लेकिन उनकी अरबी भाषा ने यहाँ की भाषा पर कोई असर नहीं डाला। इसी तरह आठवीं सदी में जब अरब सिन्ध में आये तब भी उनकी भाषा का सिन्ध और आसपास के इलाकों की भाषा पर कोई असर नहीं पड़ा।

लेकिन 1000 ईस्वी के पास जब मुसलमानों ने पंजाब के बड़े हिस्से पर क़ब्ज़ा कर लिया और इसके बाद मध्य भारत तक उनके क़दम बढ़े और यहाँ सत्ता स्थापित करनी शुरू की तो भारत में अहम राजनीतिक परिवर्तन शुरू हुआ। इस समय अधिकतर मुसलमान ईरान और तुर्की से आये...पंजाब पर गजनवी वंश के शासन के कुछ दशकों के बाद सांस्कृतिक आदान–प्रदान शुरू हुआ...गजनवी वंश के क़रीब पौने दो सौ साल के शासन के दौरान संस्कृत की कई पुस्तकों का अरबी और फ़ारसी में अनुवाद हुआ। गज़नवी वंश के शासकों ने सिक्कों पर संस्कृत भाषा को स्थान दिया।

आगे चलकर राजपूत राजाओं के कवि नरपति नाल्ह और चन्दबरदायी ने अपनी रचनाओं में कुछ फ़ारसी शब्दों का प्रयोग शुरू किया गया। इस तरह सांस्कृतिक आदान–प्रदान का सिलसिला चलता रहा।...भाषा के लिहाज़ से इतिहास के पन्नों में एक ऐसी घटना दर्ज है जिसका बड़ा महत्त्व भारत के भाषायी स्वरूप के बदलाव पर नज़र आता है...। 1327 ईस्वी में मुहम्मद तुग़लक ने सुरक्षा के लिहाज़ से अपनी राजधानी दिल्ली से हटाकर दक्षिण के देवगिरि में बनायी। उसने दिल्ली वालों को हुक्म दिया कि यहाँ से सभी लोग वहाँ जायें। लिहाज़ा, हज़ारों की संख्या में सैनिक, औरतें, पुरुष, बच्चे, प्रशासन चलानेवाले लोग, व्यापारी, कलाकार, मज़दूर और यहाँ तक कि किसान भी देवगिरि ले जाये गये। वे अपने साथ अपनी भाषा और संस्कृति भी दक्षिण ले गये। दक्षिण के लोगों से मेलजोल के लिए उन्होंने और ख़ुद वहाँ के लोगों ने जो कोशिशें शुरू

की होंगी उससे एक नयी बोली विकसित हुई होगी जिसमें तुर्की, अरबी, फ़ारसी और उत्तर भारत की भाषाओं के शब्द होंगे।

लेकिन जल्द ही तुग़लक को एहसास हो गया कि देवगिरि में रहना ठीक नहीं है लिहाज़ा उसने सबको दिल्ली लौटने का आदेश दिया। इतिहास बताता है कि कई कारणों से सैकड़ों लोग वहाँ से नहीं लौटे और वहीं बस गये.। इन लोगों के दक्षिण के लोगों से सम्बन्ध बने और एक नयी भाषा अस्तित्व में आने लगी...। उधर पंजाब, दिल्ली और उसके आसपास मुस्लिम शासकों का प्रभाव बढ़ता गया तो अरब, तुर्की और ईरान से सैनिकों के अलावा व्यापारियों, सैनिकों और विद्वानों तथा कलाकारों का भारत आना–जाना बढ़ा।

बड़ी–बड़ी फ़ौजें सत्ता के नये केन्द्र स्थापित करने के लिए दूर दराज इलाकों में धूल उड़ाती फिरीं। इन फ़ौजों में अवधी, भोजपुरी, मैथिली, पंजाबी, हरियाणवी, ब्रज, फ़ारसी, अरबी और तुर्की जैसी तरह–तरह की बोलियाँ बोलनेवाले सिपाही होते थे । इन सिपाहियों का लश्कर जब कहीं पड़ाव डालता तो आपस में अलग–अलग ज़बानों की खिचड़ी में बातचीत होती होगी।

फिर व्यापारियों के समूह भारत में बड़ी संख्या में आने लगे। सैनिकों और व्यापारियों लिए सरायें बनीं। ये उस दौर की सुपर मार्केट थीं जहाँ विभिन्न कामधन्धे करनेवाले लोग जमा होते। अलग–अलग तरह की सेवाएँ देनेवाले सेवकों और कारीगरों के लिए ये सरायें रोज़गार के नये अवसर प्रदान करने लगीं। यहाँ भी मिलीजुली बोलियों से ही काम लिया जाता रहा होगा। उधर छोटी–बड़ी सत्ताएँ कायम होती रहीं।

हर सत्ताधारी अपनी राजधानी को सुरक्षित और ख़ूबसूरत बनाना चाहता था। इस तरह राजगीरों, कारीगरों, संगतराशों और दूसरे हुनर के जानकारों को ऐसे लोगों के सम्पर्क में आना पड़ा जो उनकी भाषा से अलग भाषा के जानकार थे। ऐसे में मिलीजुली भाषा ही सम्पर्क की भाषा बनी। यही नहीं दूसरे देशों के कारीगर और फनकार भी भारत आने लगे। यहाँ आकर उन्होंने बातचीत का सिलसिला बनाने के

लिए मिलीजुली बोलियों वाली बोली को न सिर्फ़ अपनाया बल्कि इसमें अपने काम और हुनर में प्रयोग होनेवाले शब्दों को भी शामिल किया।

इस तरह पूरे देश में अलग–अलग वजहों और अलग–अलग तरीक़ों से भाषाओं का आदान–प्रदान शुरू हुआ और धीरे–धीरे एक नयी भाषा उभरने लगी...। इन हंगामों के बीच दूरदराज मुल्कों से सूफ़ियों ने भी हिन्दोस्तान की राह पकड़ी। जल्द ही सूफ़ियों की ख़ानकाहों ने ऐसे केन्द्रों की शक्ल ले ली जहाँ राजा से लेकर रंक तक संगीत और अध्यात्म की महफ़िलों के ज़रिये सुकून से ज़िन्दगी बसर करने का हुनर सीखने लगे। मिलीजुली भाषा को सूफ़ियों ने उन इलाकों तक भी पहुँचाया जहाँ अब तक इनकी पहुँच नहीं हो सकी थी। अब भारतीय एक नयी बोली को अपने बीच जगह देने लगे थे। एक ऐसी बोली जिसे वक़्त की ज़रूरतों ने जन्म दिया था। ये नयी भाषा देश के किसी एक इलाके, किसी ख़ास राज्य या किसी ख़ास सल्तनत के दायरे में नहीं फूल–फल रही थी।

उस समय तक दक्षिण में आदिलशाही राजवंश की स्थापना हो चुकी थी। इस राजवंश के शासन में मुख्य रूप से ईरानी विद्वानों का जमघट था। दक्षिण में बहमनी सल्तनत पाँच टुकड़ों में बदल गयी। इनमें से गोलकुण्डा और बीजापुर के सुल्तान जो अकबर के समकालीन थे ख़ुद शायर और लेखक होने के अलावा दूसरे हुनर को भी संरक्षण देनेवाले थे।

गोलकुण्डा में कुतुबशाही वंश के पाँचवें बादशाह मोहम्मद कुली कुतुब शाह ने उस भाषा में ग़ज़ल के विकास की राह तैयार की जो आगे चलकर उर्दू कहलायी। उस समय दक्षिण में फ़ारसी, अरबी और क्षेत्रीय भाषाओं के मिश्रण से एक नयी भाषा सामने आयी जिसे दकनी कहा गया। कई भाषाविद् उर्दू को दकनी का ही विकसित रूप मानते हैं। कुली कुतुब शाह ने अपने कलाम को किताब की शक्ल भी दी और इस तरह वो दक्कनी ज़बान के पहले साहिबे दीवान शायर माने गये। उसकी शायरी में हजरत मोहम्मद और हजरत अली के लिए अक़ीदे के साथ–साथ कृष्ण और राधा के लिए भी प्यार की गूँज है।

कुल मिलाकर उत्तर और मध्य भारत ही नहीं बल्कि दक्षिण में भी अरबी, फ़ारसी और स्थानीय भाषाओं के मिश्रण से मिलीजुली भाषा आकार ले रही थी लेकिन इसका कोई एक रूप नहीं था इसीलिए इसका कोई एक नाम भी नहीं था। इतना ज़रूर कहा जा सकता है कि उर्दू भाषा का जो रूप हमारे सामने है उसकी बुनियाद पड़ने लगी थी...। मुग़ल शासन से पहले ऐसे कई यायावर और विद्वान जो भारत घूमने आये ख़ासकर दिल्ली और उत्तरी भारत में उन्होंने उस दौर की भाषा को ज़बाने हिन्द, हिन्दवी, हिन्दुई और हिन्दी लिखा है।

12वीं शताब्दी में कुछ परिस्थितियों और महान विद्वान अमीर खुसरो ने भारत में ग़ज़ल के विकास की बुनियाद डाल दी थी। 1271 ईस्वी में महज़ 18 साल की उम्र में अमीर खुसरो का दीवान छप गया था जिसमें फ़ारसी ग़ज़लें थीं। बाद में भाषा को लेकर अमीर खुसरो ने ग़ज़ल में कई प्रयोग किये। उन्होंने ऐसी ग़ज़लें भी लिखीं जिसके एक ही मिसरे में आधा हिन्दी और आधा फ़ारसी में होता था। मिसाल के लिए उनकी एक ग़ज़ल का मतला है :

जेहाले मिस्कीं मकुंन तगाफुल, दुराए नैना बनाये बतियाँ।
की ताबे हिज़रा न दारम एज़ां, न लेहों काहे लगाए छतियाँ।

अमीर खुसरो ने अपने समय की भाषा का हिन्दी, हिन्दुई और ज़बाने देहली के नाम से उल्लेख किया है। पन्द्रहवीं शताब्दी में इस भाषा को ज़बाने हिन्दुस्तान और हिन्दुस्तानी कहा गया। इसी दौर में दक्षिण में आकार ले रही मिलीजुली भाषा को दकनी के नाम से बुलाये जाने का उल्लेख मिलता है। इस तरह एक बात साफ़ हो जाती है कि 13वीं शताब्दी से 15वीं शताब्दी के दौरान भारत में एक ऐसी भाषा उभर रही थी जिसमें अरबी, फ़ारसी के शब्दों के साथ पंजाबी, हरियाणवी, बृज, अवधी, गुजराती और दूसरी भारतीय भाषाओं के शब्द शामिल थे। यहीं भाषा दिल्ली और उत्तरी भारत के साथ–साथ दक्षिण में भी बाज़ारों में बोली जा रही थी। सैनिक और जगह–जगह घूमनेवाले सूफ़ी इसी भाषा का इस्तेमाल कर रहे थे। यही भाषा सत्रहवीं शताब्दी के मध्य में रेख्ता के रूप में स्थापित हुई और फिर इसका नाम उर्दू कहलाया।

ये नयी-नयी सी है रहगुज़र

मुग़लों की सत्ता स्थापित होने के बाद समाज और राजनीतिक क्षेत्र में स्थायित्व आया जिसकी वजह से सांस्कृतिक विकास में तेज़ी आयी। अब तक मुसलमान तुर्की, अरबी, फ़ारसी और दूसरी मध्य एशियाई भाषाएँ बोल रहे थे लेकिन मुग़लों की सत्ता स्थापित होने के बाद फ़ारसी सरकारी भाषा बन गयी। भारत में उर्दू के जन्म से पहले ही मुशायरों की बुनियाद पड़ चुकी थी।

मुग़ल सत्ता स्थापित होने से पहले ही मुशायरों का उल्लेख मिलता है जो फ़ारसी भाषा में होते थे और राजदरबारों में होते थे लेकिन कहीं–कहीं इस बात का भी उल्लेख मिलता है कि सूफ़ियों की खानकाहों पर भी शायरी की महफ़िलें होती थीं। बाबर ने जब मुग़ल सत्ता स्थापित कर ली तो मुशायरे राजदरबार का नियमित हिस्सा हो गये। बाबर की आत्मकथा 'बाबरनामा' में साथ बैठकर शायरी सुनने की रिवायत का वर्णन हुआ है। अकबर के काल में कश्मीर के शासक ज़फ़र ख़ान के दरबार में हर महीने मुशायरे आयोजित किये जाने का उल्लेख मिलता है।

इसी दौर में अब्दुर्रहीम ख़ानख़ाना जो हिन्दी में रहीम के नाम से चर्चित हुए, ने एक पुस्तकालय स्थापित किया। रहीम कुशल प्रशासक और वीर योद्धा होने के साथ–साथ फ़ारसी और हिन्दी के बड़े शायर भी थे। उनके स्थापित किये गये पुस्तकालय में बृज भाषा के कवि और शायरों की बैठक होती थी जिसमें वो अपनी–अपनी रचनाएँ सुनाया करते थे। रहीम भी उनके बीच अपनी रचनाएँ पढ़ा करते थे।

औरंगज़ेब का भाई दारा तो विख्यात विद्वान था, वो भी फ़ारसी के शायरों और बृज भाषा के कवियों की सोहबत में बैठता था। उसके दरबार में रोज ही शायरी की महफ़िलें सजती थीं। औरंगज़ेब के एक बेटे के बारे में उल्लेख मिलता है कि वो उर्दू में बहुत दिलचस्पी लेता था और मुग़ल शहज़ादों में पहला ऐसा शख़्स था जिसने उर्दू का मुशायरा आयोजित किया।

भारत में आरम्भ में फ़ारसी ज़बान के मुशायरे होते थे, क्योंकि विदेश से फ़ारसी के शायर बड़ी संख्या में भारत आने लगे थे। ख़ासकर दिल्ली, गोलकुण्डा, बीजापुर इसके बड़े केन्द्र थे। मुग़ल कालीन सभ्यता ने शायरी सुनने और सुनाने की कला को चरमोत्कर्ष पर पहुँचा दिया था। लेकिन ये मुशायरे दरबार तक सीमित थे। कई मुग़ल बादशाह और शहज़ादे शायरी, ख़ासकर ग़ज़ल कहने में दिलचस्पी रखते थे। उनके उस्ताद भी हुआ करते थे। दरअसल शायरी उनके लिए भाषा या साहित्य से बढ़कर मनोरंजन का साधन थी। और मनोरंजन के लिए ख़र्च की कमी कभी उनके सामने नहीं रही। वैसे भी शिकार करने के मुक़ाबले नियमित रूप से शायरी की महफ़िलें आयोजित करने में कोई बड़ा ख़र्च भी नहीं होता था।

मगर दरबार में जानेवाले शायरों की ज़िन्दगी ज़रूर बदल जाती थी। नकद धन के अलावा उन्हें घर और ज़मीनें भी दी जाती थीं। मुग़ल बादशाह और शहज़ादे अपने उस्तादों को सर आँखों पर बिठाते थे। इस तरह की परम्परा दक्षिण में आदिलशाही और कुतुबशाही दरबारों में पहले से ही स्थापित हो चुकी थी।

सारे जग में चर्चा अपना

17वीं शताब्दी का अन्त होते–होते उर्दू एक भाषा के रूप में गुजरात, अर्काट, मैसूर और मद्रास के कई भागों तक पहुँच चुकी थी। गुजरात के वली मोहम्मद जो वली दकनी के नाम से मशहूर हुए, को उर्दू ग़ज़ल का बाबा आदम कहा जाता है। उनकी मृत्यु 1717 में हुई। उनका नाम उनसे पहले दिल्ली पहुँच चुका था। दिल्ली की गलियों और बाज़ारों में फक़ीर और मलंग उनकी ग़ज़लें गाया करते थे। मुग़ल किसी दूसरे की महानता को मुश्किल से ही स्वीकार कर पाते थे लेकिन वली की ग़ज़लों ने दिल्ली वालों पर ऐसा जादू किया कि जब वली दिल्ली पहुँचे तो यहाँ के लोगों ने उनके स्वागत में पलकें बिछा दीं। उस दौर के दिल्ली के मशहूर शायर आबरू ने वली की महानता को स्वीकार करते हुए कहा है :

वली रेख़्ते बीच उस्ताद हैं
कहे आबरू क्योंकि उसका जवाब

तब तक दिल्ली के अधिकांश शायर फ़ारसी में शायरी कर रहे थे। हालाँकि हैरत की बात ये है कि उर्दू दिल्ली और उसके आसपास पनपी लेकिन पहले फूली–फली दक्षिण में। वहाँ इस भाषा में साहित्य की रचना होने लगी। लेकिन दिल्ली के विद्वान जो फ़ारसी में साहित्य रचना करते थे, उर्दू को अपनाने में झिझक रहे थे। वली ने दिल्ली के मुशायरों में जब उर्दू में अपनी रचनाएँ सुनायीं तो उन्हें बहुत पसन्द किया गया। कई फ़ारसी दां शायर जो कभी–कभार उर्दू में कुछ लिख देते थे उनकी झिझक कम हुई। धीरे–धीरे वो उर्दू में भी

शायरी करने लगे। वली ने अपनी ग़ज़लों में अधिकतर प्रेम भावनाओं का वर्णन आम लोगों को आसानी से समझ में आनेवाली भाषा में विभिन्न प्रकार से किया है। और यही उनकी लोकप्रियता का सबसे महत्त्वपूर्ण कारण था। उनकी शायरी के रंग कुछ इस तरह के हैं :

जिसे इश्क़ का तीर कारी लगे
उसे ज़िन्दगी क्यों ना भारी लगे
न होवे उसे जग में हरगिज़ क़रार
जिसे इश्क़ की बेक़रारी लगे

उनकी एक और ग़ज़ल के शेर हैं :

सजन तुम मुख सेती खोलो नक़ाब आहिस्ता आहिस्ता
कि ज्यों गुल से निकलता है गुलाब आहिस्ता आहिस्ता
हज़ारों लाख ख़ूबाँ में सजन मेरा चले यूँ कर
सितारों में चले ज्यों माहताब आहिस्ता आहिस्ता

इसी प्रकार उस दौर के एक और उल्लेखनीय शायर थे महमूद बहरी जो बीजापुर के रहनेवाले थे। उनके समकालीन औरंगाबाद के रहनेवाले सिराज औरंगाबादी भी चर्चित रहे। इन शायरों के शेरों का रंग उनके कलाम के ज़रिये समझा जा सकता है :

सब जगत ढूँढ़ा फिरा प्यू को न पाया हरगिज़
दिल के गोशे में मकां था मुझे मालूम ना था

–महमूद बहरी

मुद्दत से गुम हुआ दिल–ए–बेगानाए सिराज
शायद की जा लगा है किसी आशना के साथ

–सिराज औरंगाबादी

इन शायरों को मुशायरों में सुनकर उस समय दक्षिण भारत का सामन्ती वर्ग प्रभावित हो रहा था। धीरे–धीरे यह भाषा दक्षिण में जीवन की आवश्यकताओं को पूरा करने में सफल रही और लोगों में तेज़ी के साथ लोकप्रिय हुई। आगे चलकर इसमें उच्च कोटि का साहित्य रचा जाने लगा। उर्दू का शायरी के मैदान में सफ़र बेहद तेज़ था। ऐसी रियासतों की तादात बढ़ रही थी जहाँ के शासक

उर्दू की मोहब्बत में गिरफ़्तार थे। दिल्ली, लखनऊ और हैदराबाद के अलावा, लाहौर फर्रुख़ाबाद, रामपुर, बदायूँ, बाँदा, बनारस, पानीपत, टोंक, अलवर, पटना, अरकाट, मैसूर, मद्रास और मुर्शिदाबाद समेत कई क्षेत्र उर्दू की बस्तियों की शक्ल में उभरते गये। इस पूरी प्रक्रिया में उर्दू के विकास में मुशायरों का रोल बेहद अहम रहा।

भरे दरबार में ये ज़िक्र किसका

बात उर्दू के मुशायरों की करें तो मुग़ल बादशाह मोहम्मद शाह के समय में दरबार में उर्दू का मुशायरा आयोजित होने का उल्लेख मिलता है। उसे आम बोलचाल की यह भाषा भा गयी। वह पहला मुग़ल बादशाह था जिसने उर्दू में शायरी की। हालाँकि उसका अधिकांश काव्य फ़ारसी में है। वो 1719 ईस्वी में गद्दी पर बैठा था। जब बादशाह ख़ुद बोलचाल की भाषा में काव्य रचना करने लगा तो दूसरों की भी हिम्मत बढ़ी। पहले शायरों ने उर्दू जो उस समय रेख़्ता कही जाती थी, में दो–दो, तीन–तीन शेर कहना शुरू किये। फिर धीरे–धीरे ऐसे शायरों की संख्या बढ़ी जिन्होंने अपनी काव्य रचना तो फ़ारसी में शुरू की थी लेकिन धीरे–धीरे उर्दू में लिखने लगे। जल्द ही फायज़, आबरू, नाजी, हातिम, यकरंग, मजहर जानेजां, फुगां और ताबां जैसे उस दौर के नामवर शायर उस बोलचाल की भाषा में शायरी करने लगे जो पहले रेख़्ता और बाद में उर्दू कहलायी।

इस दौर में मुशायरों में जो भाषा सामने आ रही थी उसे विद्वान ही नहीं आम लोग भी आसानी से समझ रहे थे क्योंकि तब तक आकार ले रही उर्दू पर दक्षिण का प्रभाव अधिक था। उसमें फ़ारसी के अलंकारों का प्रयोग नहीं हुआ था। जबकि फ़ारसी शायरी केवल फ़ारसी जाननेवालों के बीच ही लोकप्रिय थी। नयी भाषा में शायरी के नमूने देख पाठकों को इस बात का अन्दाज़ हो सकता है। इस दौर में बहुत से शायरों ने उर्दू ग़ज़ल को मुशायरों के ज़रिये ख़ास और आम लोगों तक पहुँचाया और उर्दू भाषा के इतिहास का हिस्सा बन गये।

सबका उल्लेख करना तो यहाँ सम्भव नहीं है लेकिन क़रीब 300 साल पहले उर्दू शायरी के रंगढंग और तेवर क्या थे इसके लिए कुछ प्रमुख शायरों और उनकी शायरी की झलकियों का उल्लेख ज़रूरी है। शाह मुबारक आबरू ऐसे शायर थे जिन्होंने फ़ारसी में शायरी शुरू की थी और फिर उर्दू में लिखने लगे उनकी दो अलग–अलग ग़ज़लों के शेर हैं :

फिरते थे दश्त दश्त दीवाने किधर गये
वो आशिक़ी के हाय ज़माने किधर गये

और

कौल 'आबरू' का था कि ना जाऊँगा उस गली
हो करके बेक़रार देखा आज फिर गया

उस युग के मुशायरों में कई शायरों के गुरु जहूरिद्दीन हातिम ने उर्दू शायरी की नोक पलक सँवारने में बड़ी भूमिका निभायी। उनकी ग़ज़लों के कुछ शेर ये हैं :

जिसको देखा सो यहाँ दुश्मने जाँ है अपना
दिल को जाने थे हम अपना, सो कहाँ है अपना

और

ज़िन्दगी दर्द–ए–सर हुई 'हातिम'
कब मिलेगा मुझे पिया मेरा

और

पीरी में 'हातिम' अब ना जवानी को याद कर
सूखे हुए दरख़्त भी कहीं होते हैं फिर हरे

इसी तरह उस दौर में फ़ारसी के एक बड़े शायर मिर्ज़ा मजहर जाने जां ने उर्दू में भी शायरी में उल्लेखनीय योगदान दिया।

चले अब गुल के हाथों से लुटा कर कारवाँ अपना
ना छोड़ा हाय बुलबुल ने चमन में कुछ निशाँ अपना
ये हसरत रह गयी क्या क्या मज़े से ज़िन्दगी करते
अगर होता चमन अपना, गुल अपना, बागबां अपना

एक और उल्लेखनीय शायर जो उस दौर में हुए वो थे मीर

अब्दुल हई ताबाँ। उनकी शायरी में विषय तो बहुत सीमित थे मगर भाषा सादी और दिल को छूने वाली थी।

नहीं कोई दोस्त अपना, यार अपना, मेहरबाँ अपना
सुनाऊँ किसको ग़म अपना, अलम अपना, बयाँ अपना
ना ताक़त है इशारे की, ना कहने की, ना सुनने की
कहूँ क्या मैं, सुनूँ क्या मैं, बताऊँ क्या बयाँ अपना

उस दौर में अधिकतर शायर सूफ़ी विचारों से प्रभावित थे लेकिन ख़ुद कुछ सूफ़ी भी शायरी कर रहे थे। ऐसा ही एक महत्त्वपूर्ण नाम ख़्वाजा मीर दर्द का है। वो अपने समय के सर्वाधिक आदर किये जानेवाले शायर थे जिनकी ग़ज़लें सुनने के लिए लोग ख़ास कर मुशायरे सुनने आते थे।

जग में आकर इधर उधर देखा
वहीं आया नज़र जिधर देखा
जान से हो गये बदन ख़ाली
जिस तरफ़ तूने आँख भर देखा
उन लबों ने ना की मसीहाई
हमने सौ सौ तरह से मर देखा

मिर्ज़ा मोहम्मद रफ़ी सौदा उस दौर का एक और बड़ा नाम है। हालाँकि वो क़सीदे लिखने के लिए मशहूर थे लेकिन वो दिल को छूनेवाली ग़ज़लें भी लिखते थे। उनकी शैली ने उनके बाद के शायरों पर गहरा असर डाला।

उनके कुछ शेर हैं :

कभूँ मैं बात बिन रोए नहीं की उससे पर उनने
ना पूछा यूँ सबब क्या है तेरे हर बार रोने का

या

जिस रोज़ किसी और पे बेदाद करोगे
ये याद रहे हमको बहुत याद करोगे

लेकिन उस दौर ने जिस एक और प्रतिभा को जन्म दिया उस महाकवि का नाम था मीर तक़ी मीर। उनकी असाधारण प्रतिभा के

चलते मीर तक़ी मीर को दुनिया की किसी भी भाषा के महान कवियों के मुक़ाबले रखा जा सकता है। उन्हें उर्दू ग़ज़ल का सबसे बड़ा शायर माना जाता है। उनकी प्रतिभा का लोहा उस ग़ालिब ने भी माना जो अपने मुक़ाबले में किसी शायर को कुछ नहीं समझते थे। मीर की शायरी के कुछ उदाहरण ये हैं :

हस्ती अपनी हबाब की सी है
ये नुमाइश सराब की सी है
नाज़ुकी उनके लब की क्या कहिये
पंखुड़ी एक गुलाब की सी है

या

दिल वो नगर नहीं कि फिर आबाद हो सके
पछताओगे सुनो हो, ये बस्ती उजाड़ के

या

इब्तदा ए इश्क़ है रोता है क्या
आगे आगे देखिये होता है क्या

भारत में उर्दू शायरी फूल–फल रही थी। ज़माने के उतार–चढ़ाव के बावजूद इस शायरी को सुना और सुनाया जा रहा था। आनेवाले दौर के लिए शायरी की इमारत मज़बूत हो रही थी। और इस प्रक्रिया में सबसे महत्त्वपूर्ण भूमिका मुशायरे निभा रहे थे।

ये बज़्मे यार है बैठो यहाँ सँभल कर

बादशाह या शहज़ादे के सामने पेश होने में अदब और क़ानून सबसे अहम हुआ करता था। यही वजह है कि दरबारी मुशायरों के काफ़ी नियम और क़ानून बनाये गये। जिनका अनिवार्य रूप से पालन करना होता था। उदाहरण के लिए ग़ज़ल कैसे सुनाएँ, मुशायरे में बैठते समय किन–किन बातों का ध्यान रखा जाये। इसके लिए सभ्यता और असभ्यता के दायरे तय किये गये। नियमों के पालन न करने को बदतमीजी कहा गया।

मुग़ल दरबारों में मुशायरों की रंगारंग महफ़िलों का समाँ बहुत आकर्षक और दिलचस्प होता था। दूध–सी धुली साफ़ चाँदनी और नर्म मखमली कालीनों पर बड़े–बड़े ख़ूबसूरत गावतकियों का सहारा लेकर दो जानू (घुटने मोड़ कर) होकर अदब से सर झुकाये बैठे शायरों के आगे चाँदी के वर्क और क़िमाम में लिपटी ख़ुशबूदार शाही पानों की गिलोरियाँ पेश की जातीं। पान उठानेवाला हर छोटा–बड़ा शायर तश्तरी पेश करनेवाले का शुक्रिया अदा करते हुए झुककर आदाब बजा लाता।

हर शायर के बगल में चाँदी के कामदार ख़ूबसूरत पीकदान रखे होते। सदरे मुशायरा (मुशायरे की अध्यक्षता करनेवाला शायर) शमा रोशन करता। उसका आदर करना और मुशायरे के दौरान हर क़दम उठाने से पहले उसकी अनुमति लेने को मुशायरे की तहज़ीब का अहम हिस्सा बनाया गया। मुशायरे का संचालन करने के लिए किसी वरिष्ठ शायर को ज़िम्मेदारी दी जाती जो मुशायरे के अध्यक्ष की

इजाज़त से शायरों को पढ़ने के लिए आमन्त्रित करता और आमन्त्रित किये जानेवाले हर शायर का परिचय महफ़िल को देता। दाद देने में किसी वाक्य का इस्तेमाल किया जाता तो महफ़िल और उसमें भाग लेनेवाले विद्वानों की गरिमा का पूरा ध्यान रखा जाता था।

जिस शायर को पढ़ने के लिए कहना होता उसके सामने सोने की थाली में रखी शमा रख दी जाती। शायरों से कलाम पढ़वाने का सिलसिला भी तय किया गया। पहले सबसे कम उम्र या अनुभव वाले शायर से पढ़वाया जाता उसके बाद उससे वरिष्ठ शायर के सामने शमा रखी जाती। शायर को इस बात की इजाज़त होती कि उसके जिस शेर की तारीफ़ हो रही है उसे वो दोबारा सुना सकता था इसके अलावा अगर मुशायरे के सद्र या महफ़िल के किसी शख्स ने दोबारा शेर पढ़ने को कहा तो शायर के लिए वो शेर दोबारा या उससे अधिक बार सुनाना ज़रूरी हो जाता था।

उस्ताद शायरों के हर शेर पर तारीफ़ के शोर से छतें गूँजतीं। जिस शायर की तारीफ़ होती वो तारीफ़ करनेवालों के सामने आदाब बजा लाता। शम्मे महफ़िल एक के बाद दूसरे, दूसरे के बाद तीसरे, फिर चौथे शायर के सामने आती और आख़िर में बादशाह के उस्ताद के सामने रखी जाती। उस्ताद जब अपनी ग़ज़ल सुनाकर ख़त्म करते तो मुशायरा भी ख़त्म हो जाता। अगर बादशाह को किसी मुशायरे में आमन्त्रित किया जाता और वे उसमें नहीं पहुँच पाते तो अपनी ग़ज़ल लिखकर भेज देते जिसे कोई वरिष्ठ शायर मुशायरे में पढ़ कर सुनाता था। इस तरह मुशायरों की अपनी तहजीब तैयार होती चली गयी। इस तहज़ीब का पालन आगे चलकर नवाबों, सामन्तों और जागीरदारों के दरबारों में होनेवाले मुशायरों में भी होने लगा। मुशायरों में अच्छे शेर की तारीफ़ तो होती ही थी लेकिन जब दिग्गज शायर तारीफ़ करते थे तो तारीफ़ में प्रयोग किये वाक्य चर्चा का विषय बन जाते थे। इस तरह की तारीफ़ करने के ढंग का एक काल्पनिक चित्र बाबा ए उर्दू के नाम से याद किये जानेवाले पण्डित दत्तात्रेय कैफ़ी ने इस तरह खींचा है :

शमा–ए मुशायरा इंशा के सामने रखी जाती है। इंशा ग़ज़ल पढ़ते हैं :

कमर बाँधे हुए चलने को याँ सब यार बैठे हैं
बहुत आगे गये बाक़ी जो हैं तैयार बैठे हैं

सौदा–क्या मतला कहा है।

मीर–अब ऐसा शेर और ना पढ़ना वरना एक आध जनाज़ा आज मुशायरे से उठेगा।

दर्द–सैयद इंशा इसकी दाद है छाती कूटना।

मुसहफी–क्या दर्द भरा मतला कहा है।

नसीम–बेपनाह मतला हुआ है।

नासिख़–वल्लाह दिल भरा आता है।

जौक़–दो मिसरे हैं कि दोधारी तेग, दिल में बैठी जाती है।

ग़ालिब–लुत्फ़ ये कि हुस्ने अदा कितना नुदरत (नयापन) लिए हुए है।

यह तो एक काल्पनिक वर्णन है लेकिन उस दौर के मुशायरों के हालात को जिन लोगों ने लिखा है उसमें एक से एक साहित्यिक वाक्य मिलते हैं।

लेकिन लाल क़िले के बाहर किसी रईस या नवाब के यहाँ होनेवाले मुशायरों में कई मुग़ल शहज़ादे जाते तो अक्सर मुशायरों की गम्भीरता को अनदेखा कर देते थे। एक मुशायरे का ज़िक्र करते हुए मिर्ज़ा फरहतउल्ला बेग ने लिखा है कि "एक चीज़ जो मुझे अजीब मालूम हुई वो ये थी कि क़िले वाले (शहज़ादे) जितने आये थे सबके हाथों में बटेरें दबी हुई थीं। ये बटेरबाज़ी और मुर्गेबाज़ी का रोग क़िले में बहुत है। रोज़ाना तीतरों, बटेरों और मुर्गों की बाज़ियाँ होती हैं...। मुशायरा शुरू होने पर ये बटेरें थैलियों में बन्द कर दी जाती थीं।"

इन कुछ अपवादों को छोड़ दें तो मुशायरों में अदब का बहुत ध्यान रखा जाता था ख़ासकर शायरों के घरों पर होनेवाली महफ़िलों में मुशायरे के नियमों का पालन कितनी कड़ाई से किया जाता था

इसके लिए इस घटना पर ध्यान देना दिलचस्प रहेगा। नादिरशाह दुर्रानी के हमले के बाद बहुत से उस्ताद शायर अपनी इ़ज़्ज़त और जान बचाने के लिए दिल्ली से लखनऊ या दूसरी रियासतों में पलायन करने लगे लेकिन ख़्वाज़ा मीर दर्द एक ऐसे उस्ताद शायर थे जो उजड़ती दिल्ली को छोड़ने को तैयार नहीं हुए। उन्हीं के घर मुशायरे में एक बार एक मुगल शहज़ादा भी शायरी के शौक़ में आ गया। महफ़िल में वह टाँगें फैलाए हुए बैठ गयी। अचनाक मीर दर्द की नज़र उसकी इस हरकत पर पड़ी, उन्होंने टोकते हुए उससे कहा, साहबज़ादे यह अदब की महफ़िल है और इसमें टाँगें इस तरह फैलाकर बैठना बेअदबी है। शहज़ादे ने कहा, मैं मजबूर हूँ...मेरी टाँगों में तकलीफ़ है। मीर दर्द ने फ़ौरन जवाब दिया–मियाँ तकलीफ़ को घर में आराम दिया जाता है, महफ़िल में, महफ़िल के आदाब का ख़याल किया जाता है।

इस दश्त में इक शहर था

भारत में मुशायरे ने मज़बूत साहित्यिक और सांस्कृतिक संस्था के रूप में अपनी पहचान स्थापित कर ली थी। और तभी क़यामत टूट पड़ी, नादिरशाह दुर्रानी ने दिल्ली पर 1739 में हमला कर दिया। इस हमले के दौरान उसकी क्रूरता के क़िस्से किंवदन्ती बन चुके हैं। दिल्ली और उसके आसपास का इलाका बरबाद कर दिया गया। उस समय दुनिया के बेहतरीन शहरों में एक दिल्ली तबाह कर दी गयी। राजनीतिक शक्ति के रूप में लगभग विकलांग हो चुकी मुग़ल सत्ता की रही सही चमक को मिट्टी में मिला दिया गया। ऐसे माहौल में साहित्यिक और सांस्कृतिक महफ़िलें उजड़ गयीं। शायरों को संरक्षण देनेवाले सामन्त तो दूर, मुग़ल बादशाह और उनके परिवार के जान के लाले पड़े हुए थे। ऐसे में साहित्यकारों ने पनाह के लिए तेज़ी से पलायन शुरू कर दिया।

लेकिन दिल्ली में शायरी की महफ़िलें होती रहीं। हाँ ये ज़रूर था कि पहले जैसी गहमागहमी नहीं बची थी। दिल्ली का मुग़ल दरबार उजड़ने के बाद भी मुशायरों का दौर चलता रहा। अब दरबार में तो मुशायरे नहीं होते थे लेकिन मीर दर्द जैसे कुछ उस्ताद शायर जिन्होंने दिल्ली नहीं छोड़ी, उनके घरों पर मुशायरों की महफ़िलें सजने लगीं। इन मुशायरों में ऐसे तमाम साहित्य प्रेमियों को मौक़ा मिलने लगा जिनकी पहुँच मुग़ल दरबार या दरबार के सरदार लोगों की हवेलियों में होनेवाले मुशायरों तक नहीं थी। उस्तादों के यहाँ होनेवाले मुशायरों में अदब का लिहाज़ तो था लेकिन दरबार के शाही क़ानून नहीं थे।

इसलिए श्रोता अधिक सहज होकर मुशायरा सुन सकते थे और शायरों से बेतकल्लुफ होकर बातचीत कर सकते थे।

हवेलियों और ड्योढ़ियों में होनेवाली इन महफ़िलों में अक्सर चिलमन खींच दी जाती और दूसरी ओर महिलाएँ बैठकर मुशायरा सुनती थीं। इत्र की ख़ुशबू, रेशमी लिबास की सरसराहट और चूड़ियों की खनक की हल्की–हल्की आवाज़ें उभरती डूबती रहती थीं। किसी भी शायर के लिए उस माहौल में कलाम सुनाना पुरस्कार पाने से कम नहीं होता था। उस सामन्ती दौर में मुशायरों ने जो साहित्यिक माहौल पैदा किया उसका कोई विकल्प नहीं था।

अब मुशायरे भाषा और शायरी की कक्षाएँ बन गये थे। यहाँ नये शब्दों, मुहावरों और शायरी में शब्दों के प्रयोग को लेकर बहसें चलतीं। साथ ही इन मुशायरों में साहित्यिक हास्य–व्यंग का माहौल भी बनता गया जो कि दरबार के मुशायरों में नहीं था। अब किस मुशायरे में किस उस्ताद ने ग़ज़ल सुनाने के दौरान किस पर क्या व्यंग कसा या फिर किस बात पर हास्य बिखरा ये हफ़्तों तक चर्चा का विषय रहा करता था। उन दिनों हर उस्ताद हर मुशायरे में शिरकत नहीं करता था लेकिन अपने शागिर्दों को मुशायरों में ज़रूर भेजता था ताकि उस मुशायरे का पूरा हाल मालूम हो सके।

18वीं शताब्दी में निज़ाम वंश ने हैदराबाद बसाया। वहाँ के शासक ने कवियों और अन्य कला के माहिर लोगों को अपने दरबार की शोभा बढ़ाने के लिए बुलाना शुरू किया। दिल्ली के मुक़ाबले हैदराबाद में अधिक स्थायित्व और ख़ुशहाली थी। कहा जाता है कि कुछ ही समय में हैदराबाद में क़रीब 300 शायर एकत्र हो चुके थे। निज़ाम के दरबारियों ने भी शायरों को संरक्षण देने में कोई कसर नहीं छोड़ी। महाराजा चन्दू लाल शादा और राजा गिरधारी प्रसाद, निज़ाम के अहम दरबारी होने के साथ–साथ ख़ुद शायर भी थे। इन दोनों ने पचास से अधिक शायरों को आश्रय दिया। उस समय हैदराबाद में मुशायरों की संख्या इतनी बढ़ गयी थी कि अक्सर एक ही रात में चार–पाँच बड़े मुशायरे हुआ करते थे।

बड़ी मेहनत से ये हुनर आया

इस्लाह यानी संशोधन की परम्परा ने उर्दू शायरी में अहम काम किया। इससे कोई भी शेर दूसरों के सामने पहुँचने से पहले ही उसमें किसी तरह की साहित्यिक त्रुटि होती तो वो उस्ताद की मदद से दूर हो जाती थी। उस्ताद, शागिर्दों को अपनी सन्तान और साहित्यिक उत्तराधिकारी की तरह मानते थे इसलिए उनके कलाम पर ख़ासी मेहनत करते थे। शब्दों को कैसे प्रयोग किया जाये, शेर का लहजा क्या हो, किस विषय पर किस उस्ताद ने क्या कहा है, इसकी जानकारी और इसी तरह की बहुत–सी ऐसी बातें थीं जो उस्ताद शागिर्द परम्परा के तहत एक से दूसरे और दूसरे से तीसरे तक पहुँचती रहीं।

साहित्यिक क्षेत्र में होनेवाली घटनाएँ और नयी किताबों की जानकारी पर भी उस्ताद और शागिर्द के बीच नियमित चर्चा हुआ करती थी। मुशायरे में ग़ज़ल सुनाने के लिए नये शायरों को उस्ताद के पास कड़ी परीक्षा से होकर गुज़रना पड़ता था। इस तरह उर्दू शायरी की उस्ताद शागिर्द परम्परा ने मुशायरों को एक से बढ़कर एक शायर देने का सिलसिला बनाये रखा। शायरी का फ़न सीख कर शागिर्द तो नाम कमाते ही थे ख़ुद उस्ताद की भी शोहरत बढ़ती थी। मुग़ल शहज़ादों के अलावा कई नवाबों और सामन्तों को भी शेर कहने का शौक़ हुआ करता था और वे अपने उस्तादों की आर्थिक रूप से भी सेवा किया करते थे।

अच्छे शेर लिखने के लिए ज़रूरी समझा जाता था कि शायरी

के मैदान में हाथ आज़माने वाले को ज़्यादा–से–ज़्यादा शेर याद हों। उस्ताद शायरों के सैकड़ों शेर याद करने से नये शायरों को भाषा और कथन के लिहाज से शायरी करने में आसानी होती थी। रदीफ़ और क़ाफ़िया चुस्त रखने का ये कारगर तरीक़ा था। दरअसल ढेरों शेर याद करने से ये दिमाग़ की कोशिकाओं में बस जाते और जीवन भर उसके काव्य के लिए पथ–प्रदर्शक बने रहते थे। दाग़ देहलवी के शागिर्द नूह नारवी तो अपना शागिर्द बनाने से पहले शर्त रखते थे कि कम–से–कम पाँच हज़ार शेर याद करनेवाला ही उनके पास शागिर्द बनने के लिए आ सकता है। वे अपने शिष्यों को तमाम उस्ताद शायरों का कलाम कण्ठस्थ कराने का अभ्यास कराते थे। ख़ुद उन्हें अपने उस्ताद का सारा कलाम कण्ठस्थ था।

उस्ताद और शागिर्द की परम्परा बरसों कायम रही और एक मज़बूत संस्था के रूप में समाज में अपना स्थान बनाया। किसी एक उस्ताद के शागिर्द एक जाति या समूह की तरह एक–दूसरे से जुड़े रहते थे। नौजवान शायरों से प्रमुख सवाल यही किया जाता था कि वे किस उस्ताद के शागिर्द हैं। जिस शायर के जितने अधिक शागिर्द होते थे उसका वैसा ही रुतबा होता था। बताया जाता है कि दाग़ देहलवी के शागिर्दों की संख्या एक हज़ार से अधिक थी।

शायर होना गर्व की बात मानी जाती थी और आज भी मानी जाती है लेकिन हुआ ये कि शायरों की श्रेणी में ख़ुद को शामिल करने की धुन में कई पैसेवालों और सत्ता की ताक़त रखनेवालों ने उस्तादों से पैसे देकर ग़ज़ल लिखवाना शुरू कर दी। अब ये पता करना कि ग़ज़ल खुद लिखी है या किसी से लिखवाई है बहुत मुश्किल होता है। धीरे–धीरे उस्ताद और शागिर्दों के रिश्ते पेशेवराना बनने लगे।

मुशायरों में लोकप्रियता को लेकर उस्ताद शायरों में साहित्यिक तना–तनी भी रहा करती थी.। आतिश और नासिख़। ग़ालिब और सौदा, जिगर मुरादाबादी और फ़िराक़, जोश और हफीज़ जालन्धरी, हास्य–व्यंग के शायर जरीफ़ और सैयद मोहम्मद जाफ़री के बीच की प्रतिद्वन्द्विता उर्दू शायरी के इतिहास का हिस्सा हैं।

इसके अलावा शागिर्दों की भीड़ ने अपने उस्तादों का झण्डा ऊँचा रखने के लिए उस्ताद के प्रतिद्वन्द्वी या उन जैसी शोहरत रखनेवाले शायरों के कलाम पर सार्वजनिक रूप से छींटाकशी शुरू कर दी। लखनऊ में तो 18वीं शताब्दी में कई उस्तादों के शागिर्दों के बाकायदा गिरोह बन गये जो महफ़िलों में ही नहीं बल्कि बाज़ारों और निजी समारोहों में अपने उस्ताद की जगह दूसरों की तारीफ़ सुनना गवारा नहीं करते थे। ये गिरोहबाज़ी दो समुदायों के मतभेदों के समान कटु हुआ करती थी।

इन झगड़ों की वजह से कई रईसों ने तो मुशायरे आयोजित करने बन्द कर दिये। एक मुशायरा आयोजक, प्रसिद्ध शायर हकीम मोमिन खाँ मोमिन को मुशायरे में आमन्त्रित करने के लिए गये तो मोमिन ने उनसे माफ़ी माँगते हुए कहा कि 'अब देहली के मुशायरे शरीफ़ों के जाने के क़ाबिल नहीं रहे। एक साहब तो अपने शिष्यों को लेकर चढ़ आते हैं। शेर समझने की तो किसी को तमीज नहीं, मुफ़्त में वाह–वाह सुभहान अल्लाह का गुल मचा कर तबीयत ख़राब कर देते हैं। दूसरे साहब हैं जो ख़ुद तो मैदान में आते नहीं और अपने मूर्ख शागिर्दों को मुक़ाबले में लाते हैं...। मैंने इसी वजह से मुशायरों में जाना छोड़ दिया है।'

सारे जहाँ में धूम हमारी ज़बाँ की है

इस समय तक उर्दू शायरी गली–कूचों में मस्त फिरते फक़ीरों–मलंगों की ज़बान पर चढ़ चुकी थी। बदलते दौर के साथ शायरी उस समय की आम जनता की ज़बान में ढल गयी थी इसलिए शायरी और शायरी की महफ़िलें धीरे–धीर फैलती जा रही थीं। दिल्ली के बाद मुशायरों का सबसे अहम केन्द्र बनकर लखनऊ उभरा। पहले लखनऊ में मुशायरे तो होते थे लेकिन वहाँ मुशायरों की दिल्ली जैसी रवायत नहीं थी। लखनऊ में मुशायरों की नयी लहर तब शुरू हुई जब नादिरशाह के हमले के बाद कई बड़े शायरों ने लखनऊ में पनाह लेनी शुरू की।

नवाब आसफुद्दौला के पिता शुजाउद्दौला ने अवध की राजधानी फ़ैज़ाबाद को बनाया था लेकिन आसफुद्दौला ने अवध की राजधानी लखनऊ को बनाया। आसफुद्दौला साहित्य और कला का प्रेमी था। उसने दिल्ली से उजड़े नामवर शायरों के लिए अपना दरबार खोल दिया। दिल्ली के शायरों को सुनने के लिए लखनऊ में उत्सुकता बढ़ी तो मुशायरों का आयोजन शुरू हुआ।

उर्दू के विद्वानों ने लखनऊ का पहला अहम मुशायरा उसे माना है जिसमें मीर तकी मीर ने पहली बार लखनऊ वालों के सामने कलाम पेश किया। दरअसल उजड़ी हुई दिल्ली के लोगों के लखनऊ आने पर कुछ शायरों पर व्यंग भी किया गया था। इसके अलावा लखनऊ और दिल्ली के बीच भाषा की श्रेष्ठता को लेकर भी बहस हुआ करती थी। मीर के लखनऊ आने के बाद उनसे ग़ज़लें सुनने

के पीछे कई लोगों की मंशा ये भी थी कि देखें मीर क्या सुनाते हैं। ऐसे माहौल में उस मुशायरे में ख़ुद का परिचय शायराना लहजे में देते हुए मीर ने मुशायरे में ये क़ता पढ़ा...

क्या बूदो बाश पूछो हो पूरब के साकिनो
हमको ग़रीब जान के हँस हँस पुकार के
दिल्ली जो एक शहर था आलम में इंतेख़ाब
रहते थे मुंतख़ब ही जहाँ रोज़गार के
उसको फलक ने लूट के बरबाद कर दिया
हम रहनेवाले हैं उसी उजड़े दयार के

वाजिद अली शाह के दरबार में होनेवाले मुशायरों में वाजिद अली शाह ख़ुद शायरों की आवभगत करते थे। अवध के रेजिडेंट कर्नल स्लीमैन ने लार्ड डलहौजी को सितम्बर 1894 में भेजे एक ख़त में लिखा कि तक़रीबन दस दिन पहले शोराए लखनऊ बादशाह का कलाम सुनने के लिए जमा हुए थे तो रात 9 बजे से सुबह तीन बजे तक महफ़िल गर्म रही। आग़ा मीर के सबसे बड़े बेटे ने मुझसे कहा कि एक बादशाह को देखते हुए कलाम बहुत ही अच्छा था।

लखनऊ में दिल्ली के शायरों के आने के बाद शायरी में प्रतिस्पर्धा होना स्वाभाविक था। इसका फ़ायदा ये हुआ कि लखनऊ में थोड़े ही समय में मुशायरों की संख्या बढ़ी और साथ ही स्तरीय कलाम में भी इजाफ़ा होने लगा।

इस तरह सँवरीं यार की ज़ुल्फ़ें

दिल्ली में नाम के लिए ही सही लेकिन मुग़ल सत्ता साँसें ले रही थी। राजनीतिक रूप से बेहद कमज़ोर होने के बावजूद मुग़ल बादशाहों के लिए लोगों के दिल में इज़्ज़त थी। अब मुग़लों का प्रभाव दिल्ली के लाल क़िले और उसके आसपास के क्षेत्र तक सिमटकर रह गया था।

फिर भी बादशाहों के शौक़, महफ़िलें और दरबार के नियम तो अभी बाक़ी थे। जब बहादुर शाह ज़फ़र को दिल्ली का तख़्त मिला तो उर्दू शायरी को भी बल मिला क्योंकि वो ख़ुद उर्दू के अच्छे शायर थे। लेकिन उनके दरबार में फ़ारसी की शायरी ख़त्म नहीं हुई थी। इसलिए मुशायरे के लिए उर्दू की 'मिसरे तरह' के साथ–साथ फ़ारसी की भी 'मिसरे तरह' दी जाती थी। और दोनों ज़बानों में ग़ज़लें पढ़ी जाती थीं।

शुरुआती दौर में उर्दू मुशायरों में फ़ारसी के मुशायरों की तर्ज़ पर 'तरही' मुशायरों का चलन था। इसके तहत ग़ज़ल का एक मिसरा (लाइन), 'तरह' के रूप में उन शायरों तक पहुँचा दिया जाता था जिन्हें मुशायरे में आमन्त्रित किया जाता था। इसी मिसरे के आधार पर ग़ज़ल कहनी होती थी। बहादुर शाह ज़फ़र ख़ुद अपनी ग़ज़ल नहीं सुनाते थे बल्कि उनके उस्ताद ज़ौक़ या फिर कोई दूसरा वरिष्ठ शायर उनकी ग़ज़ल सुनाता था। दरबार के मुशायरों में लम्बी ग़ज़लों का भी उल्लेख मिलता है। कुछ शायर तो 50 से 60 शेरों की ग़ज़ल भी लिखकर लाते थे।

आमतौर पर ग़ज़ल कहने के लिए एक सप्ताह का समय दिया जाता था। मासिक रूप से नियमित आयोजित होनेवाले मुशायरों में शायरों को एक महीने का वक़्त मिल जाता था। मुग़ल दरबार से जुड़े हुए अमीर उमरा मुग़ल दरबार से प्रेरित होकर अपनी हवेलियों में शायरी की महफ़िलें सजाने लगे।

बहादुर शाह ज़फ़र की अगुवाई में मुग़ल दरबार उर्दू लेखन को बढ़ावा देनेवाली धुरी बन गया। महल में महीने में दो बार 15 और 29 तारीख़ को मुशायरों का आयोजन होता था जिसमें बादशाह ख़ुद हिस्सा लेते थे। कई शहज़ादे भी अच्छे शायर थे। जिसमें ज़फ़र के मंझले बेटे मिर्ज़ा फखरू प्रमुख थे। अजमेरी दरवाज़े के निकट गाजीउद्दीन मदरसे पर जहाँ दिल्ली कालेज की स्थापना हुई थी, हर हफ़्ते मुशायरे की महफ़िल सजती थी।

उर्दू शायरी करना और सुनना सभ्य सुसंस्कृत जीवन–शैली की महत्त्वपूर्ण आवश्यकता बन चुका था। सही उर्दू लिखना अक्सर विवाद का विषय बन जाता था। शहर के सबसे बड़े शायर ग़ालिब और बादशाह ज़फ़र के उस्ताद जौक़ के बीच होनेवाली साहित्यिक नोक–झोंक में सारा शहर दिलचस्पी रखता था। 'मिसरा तरह' को लेकर अक्सर विवाद खड़े हो जाते थे। धीरे–धीरे ये विवाद इतने बढ़ गये कि बहादुर शाह ज़फ़र को हर 15 दिन पर दरबार में आयोजित होनेवाले मुशायरे कुछ समय के लिए रद्द करने पड़े।

दरबार का मुशायरा ही नहीं किसी सामन्त के निवास पर होनेवाला मुशायरा भी एक अहम घटना हुआ करता था। मिर्ज़ा फरहत उल्ला बेग ने मुबारक उन्निसा की हवेली पर आयोजित बहादुर शाह ज़फ़र के एक मुशायरे की जो तस्वीर खींची है उससे अन्दाज़ लगता है कि उस समय मुशायरे के आयोजन की क्या अहमियत होती थी। "चूने में अबरक मिलाकर मकान में कलई की गयी थी जिससे दरोदीवार जगमग कर रहे थे। सहन को भरवाकर तख़्तों के चौक इस तरह बिछाये गये थे कि चबूतरा और सहन बराबर हो गये थे। तख़्तों पर दरी चाँदनी का फ़र्श उस पर कालीनों का हाशिया,

नीचे गावतकियों की कतार। झाड़–फ़ानूसों, कुमकुमों, चीनी कन्दीलों और गिलासों की वो बहुतायत थी कि तमाम मकान नूर का टुकड़ा लगता था। जो चीज़ थी वो ख़ूबसूरत, और जो शय थी वो करीने से।

सामने की सफ के बीचोबीच छोटा–सा सब्ज़ मख़मल का कारचोबी शामियाना, गंगा–जमुनी चोबों पर सब्ज़ रेशमी तनाव से खड़ा था। उसके नीचे सब्ज़ मख़मल की कारचोबी मसनद, पीछे कारचोबी गावतकिये, चारों चोबों पर छोटे–छोटे आठ चाँदी के फ़ानूस कसे हुए, फ़ानूसों के कँवल भी सब्ज़, चोबों के सुनहरे क़लमों से लगाकर नीचे तक मोटे–मोटे मोतिया के गजरे सेहरे की तरह लटके हुए, बीच की लड़ियों को समेट कर कलाबत्तूनी डोरियों से, जिनके सिरों पर मुकइयश के गुच्छे थे, इस तरह चोबों पर कस दिया गया था कि शामियाने के चारों तरफ़ फूलों के दरवाज़े बन गये थे। दीवारों पर जहाँ–जहाँ खूँटियाँ थीं वहाँ खूँटियों पर और जहाँ खूँटियाँ नहीं थीं वहाँ कीलें गाड़ कर फूलों के हार लटका दिये थे। इस सिरे से उस सिरे तक सफ़ेद छतगीरी जिसके हाशिये सब्ज़ थे, खिंची हुई थी। छतगीरी के बीचोबीच मोतिया के हार लटकाकर लड़ियों को चारों तरफ़ इस तरह खींच दिया था कि फूलों की छतरी बन गयी थी।

एक सहनची में पानी का इन्तज़ाम था। कोरे–कोरे घड़े रखे थे और शोरे की सुराहियाँ लगी हुई थीं। दूसरी सहनची में पान बन रहे थे। बावर्चीखानों में हुक़्के का तमाम सामान सलीके से सजा हुआ था। जगह–जगह नौकर साफ़–सुथरा लिबास पहने हाथ बाँधे खड़े थे। तमाम मकान मुश्क, अम्बर और अगर की ख़ुशबू से महक रहा था। हुक़्के ऐसे साफ़–सुथरे थे कि मालूम होता है कि अभी दुकान पर से उठ आये हैं। हुक़्क़ों के बीच जो जगह छूट गयी थी वहाँ छोटी–छोटी तिपाइयाँ रखकर उन पर ख़ासदान रख दिये गये थे। ख़ासदानों में लाल कन्द की साफियों में लिपटे हुए पान की गिलौरियों को साफियों में इस तरह जमाया था कि बीच में एक–एक तह फूलों की आ गयी थी। ख़ासदानों के बराबर छोटी–छोटी कश्तियाँ, उनमें इलइचियाँ,

चिकनी डलियाँ और बन–धनिया। मसनद के सामने चाँदी के दो शमादान, अन्दर काफूरी बत्तियाँ, ऊपर हल्के सब्ज़ रंग के छोटे कँवल, शमादानों के नीचे चाँदी के छोटे लगन, लगनों में केवड़ा। गरज क्या कहो एक अजब तमाशा था।"

अब धीरे–धीरे उर्दू आम लोगों की भाषा बनकर उभर चुकी थी। हर तरफ़ उर्दू शायरी से लगाव साफ़ महसूस होता था। मुशायरों से निकलकर अब बड़े–बड़े शायरों की रचनाएँ सड़क तक पहुँच रही थीं। राह चलते गायक और फक़ीर भी उसे गाने लगे थे। इससे ये तो साबित हो ही जाता है कि उस समय शायरी सभ्य और कुलीन लोगों तक सीमित नहीं थी और आम आदमी भी इसका आनन्द ले रहा था। बादशाह हो या भिखारी सभी शायरी के नशे में डूबे हुए थे।

आनेवाले वर्षों में अंग्रेज़ों के सौजन्य से जब तक राजनीति ने संस्कृति और भाषा पर धर्म की छाप नहीं लगायी उस समय तक उर्दू साहित्य के निर्माण में हिन्दू और मुसलमान दोनों ने बराबर का योगदान दिया। दोनों वर्गों के लोग मुशायरों में शामिल होते थे। नन्द राम मुखलिस, टेक चन्द्र बहार, वृन्दावन राक़िम, भिखारी लाल अज़ीज़, महताब राम ताबां, बालमुकुन्द हुज़ूर, मंगल सेन उल्फ़त, ख़ूबचन्द ज़का, जैसे शायर फ़ारसी के बड़े विद्वानों में गिने जाते थे और इन सबने अपने समकालीनों की तरह उर्दू में भी शायरी शुरू की और उर्दू साहित्य में उच्च स्थान बनाया।

अमीर उमरा के मुशायरों में इनका बेहद सम्मान होता था। कई नवाबज़ादे शायरी में इनके शागिर्द बने। होली, दिवाली, पनघट, जोगन, सावन आदि विषयों पर उर्दू साहित्य में इस दौर में जम कर लिखा गया। ये रचनाएँ मुशायरों में भी सुनायी जाती थीं और वहाँ से प्रेरणा लेकर नौजवान शायरों ने भी इन विषयों पर लिखना शुरू किया। इससे उर्दू शायरी दिनोदिन समृद्ध होती गयी।

शहर सुनसान है किधर जायें

उर्दू का सफ़र नयी राहें बनाता हुआ विकास की ओर अग्रसर ही था कि अंग्रेज़ों ने पूरे भारत पर क़ब्ज़ा जमाया। बादशाह बहादुर शाह ज़फ़र क़ैद कर लिए गये। राजाओं के ताज छिने, पचासों रियासतें उजड़ीं और हैरान परेशान जनता की तक़दीर का फ़ैसला इंगलैंड की रानी मलिका विक्टोरिया करने लगीं। बहादुर शाह ज़फ़र की सल्तनत में उर्दू का संरक्षण बादशाह और उसके सामन्तों के हाथ में था लेकिन हिन्दुस्तान पर अंग्रेज़ों के क़ाबिज़ होने से उर्दू के तमाम सरपरस्त ख़ुद पनाह की तलाश में थे। उस अफ़रातफ़री के माहौल में उर्दू के कई मोतबर शायरों ने दिल्ली के आसपास की रियासतों का रुख़ किया। रामपुर, पीलीभीत, बरेली, बदायूँ, टोंक, अलवर और जयपुर समेत कई ऐसी जगहें थीं जहाँ उर्दू के कई शायर दिल्ली से पहुँचे। ये शायर अपने साथ दिल्ली दरबार में होनेवाले मुशायरों की रवायत भी लेकर पहुँचे। इन रियासतों में दिल्ली से पहुँचे उस्ताद शायरों की वजह से उर्दू के हक़ में बेहतर माहौल बना और मुशायरों तादात बढ़ने लगी।

उर्दू की कशिश सबको खींच रही थी। वो अंग्रेज़ अफ़सर जो रियासत चलाने में उर्दू को मददगार समझकर इससे जुड़े वो कुछ दिनों में इसके आशिक़ बन गये। कई अंग्रेज़ अफ़सर बाक़ायदा उर्दू में शायरी करने लगे। सर जॉन बरनस शोर सहित कई अंग्रेज़ बाकायदा सामन्तों के मुशायरों में कलाम सुनाते थे। जॉन बरनस का एक शेर है :

मैंने जब उनसे कहा खा लीजिए मेरी क़सम
हँस के बोले गर क़सम खाने की है चीज़ तो खा ली जायेगी

इनके अलावा और भी अंग्रेज़ उर्दू में बाक़ायदा शायरी कर रहे थे जैसे जनरल जोसेफ़ बेनस्ले फ़ना, जॉर्ज प्यूएक शोर, एलेग्ज़ेंडर हिदरले आज़ाद वग़ैरा।

उर्दू को देश के अधिकांश क्षेत्रों और सभी वर्गों ने अपनाया था इसलिए ये किसी एक जाति या क्षेत्र की भाषा के रूप में नहीं स्थापित हुई। अंग्रेज़ अधिकारियों ने भारत में रहने के बाद मुशायरों के महत्त्व को समझा। मुशायरे उस दौर में शहर की सबसे बड़ी सांस्कृतिक घटना हुआ करते थे। इनके माध्यम से अंग्रेज़ अधिकारियों ने भारतीय समाज में पैठ बनाने की भी शुरुआत कर दी। कई अंग्रेज़ अधिकारी नियमित रूप से अपने यहाँ मुशायरे आयोजित करते थे। इनमें हिस्सा लेने के लिए आमन्त्रित किये जानेवाले ज़मींदार, रईस और नवाब अंग्रेज़ बहादुरों के लिए तोहफ़े लेकर आते थे।

दिल्ली पर अंग्रेज़ों के क़ब्ज़े के बाद उर्दू शायरों को कई स्थानों के नवाबों और ज़मींदारों ने संरक्षण देना शुरू किया। इसके साथ ही मुशायरों में प्रयोग भी होने लगे। शायरों के संरक्षक मुशायरे आयोजित करते तो मुशायरा स्थल पर ही मिसरा दे दिया जाता और घण्टे भर में ग़ज़ल कहनी होती थी। इसे फिलबदी की शायरी कहा जाता है। हिन्दी में इसे आशु कविता का नाम दिया गया है। इस तरह जल्द–से–जल्द शानदार शेर कहनेवाले की परख की जाती थी।

पहलवानों के बीच होनेवाले मुक़ाबलों की तर्ज़ पर होनेवाले इन मुशायरों को बौद्धिक वर्ग में बहुत उत्साह के साथ नहीं लिया जाता था लेकिन शासक के सामने अपनी साख बनाये रखने या बचाने के लिए शायर इसमें हिस्सा लेते थे। दरअसल इस परम्परा में शायर को खुल कर अपने जौहर दिखाने का मौक़ा नहीं मिल पाता था। भावनाओं की जगह शब्दजाल महत्त्वपूर्ण हो जाता था। इन मुशायरों ने उर्दू भाषा के विकास में काफ़ी योगदान दिया। यहाँ शायरों के साथ उनके शागिर्द भी आते थे जो दूसरे उस्ताद शायरों से सुने नये शब्दों, मुहावरों और शायरी में इस्तेमाल की गयी नयी तरक़ीबों को याद कर अपने उस्ताद से उन पर चर्चा करते थे। इस तरह उर्दू तेज़ी से लगातार समृद्ध होती गयी।

तुम्हें याद हो के ना याद हो

दिल्ली में राजनीतिक अस्थिरता की वजह से जिस शायर या लेखक को जहाँ संरक्षण मिलने की उम्मीद थी वो वहाँ जा रहा था। सामन्ती युग में साहित्य और कला राजदरबार के संरक्षण और सहानुभूति पर निर्भर थे। ढाका और मुर्शिदाबाद में मुग़ल सामन्तों ने दिल्ली की तर्ज़ पर दरबार का माहौल बनाया था लेकिन शायरी की महफ़िलों में कुछ ही शायर जुटते थे। बंगाल की आम भाषा बंगाली थी और उर्दू को सामन्तों के दरबार में ही आश्रय मिल रहा था। दिल्ली से जब शायरों ने लखनऊ की ओर क़दम बढ़ाये तो अज़ीमाबाद (पटना), मुर्शिदाबाद, कोलकाता और ढाका ने भी उनके स्वागत में पलकें बिछायीं। अपने दरबार में अधिक–से–अधिक शायरों को रखना किसी भी राजा या नवाब के लिए प्रतिष्ठा की बात बन चुकी थी। इसलिए शायरों को सभी जगहों पर संरक्षण मिल रहा था।

बाद में जब अंग्रेज़ों ने कोलकाता को राजधानी बनाया तो वहाँ भी साहित्यिक गतिविधियों में तेज़ी आयी और देखते–ही–देखते कोलकाता में मुशायरों की संख्या में ख़ासी बढ़ोतरी हुई। अपनी पेंशन के सिलसिले में जब मिर्ज़ा ग़ालिब कोलकाता पहुँचे तो वहाँ उर्दू के एक शानदार साहित्यिक माहौल ने उनका स्वागत किया।

करवट बदल रही है ज़माने की हवा भी

अंग्रेज़ों के साथ भारत में कुछ ऐसी वैज्ञानिक ईजादें भी आयीं जो थीं तो अंग्रेज़ों के फ़ायदे के लिए लेकिन उससे फ़ायदा भारतीयों को भी पहुँचा। इनमें से एक थी छापाखाना। प्रिंटिंग प्रेस की वजह से देश में समाचार–पत्रों का प्रकाशन सुलभ हुआ। और उर्दू शायरी को अख़बारों की बढ़ती संख्या से बेपनाह फ़ायदा पहुँचा। उर्दू पत्रकारिता ने 1857 के बाद तेज़ी से तरक़्क़ी की। आये दिन अलग–अलग शहरों से नये–नये रिसाले और अख़बार निकलना शुरू हुए। शायरी उर्दू भाषियों के लिए साहित्यिक खुराक और मनोरंजन दोनों बन रही थी। अख़बारों ने इस पर ध्यान देते हुए ख़बरों के बाद सबसे अधिक स्थान शायरी को देना शुरू किया। हर महीने गुलदस्ते छपना शुरू हुए। गुलदस्ते के तहत अख़बार के दो या चार पेज पर कई शायरों का कलाम छापा जाता था।

गुलदस्ते के मुशायरों के तहत 1859 में लखनऊ से 'गुलदस्ता शोअरा' के नाम से पाक्षिक निकला जो 1874 तक नियमित रूप से निकलता रहा। इसके हर अंक के लिए 'मिसरे तरह' दिया जाता था। इसके पीछे एक वजह ये भी थी कि गुलदस्ता में शिरकत करनेवाले शायरों का दीवान संकलित किया जा सके। हर अंक छपने से पहले रविवार को गुलदस्ता में शामिल शायर मुशायरे में अपना कलाम सुनाते थे फिर वो सारी ग़ज़लें गुलदस्ता में छपती थीं लेकिन इसके लिए हर शायर को अपनी ग़ज़ल को छपवाने के एवज़ में सम्पादक को आठ आने देने पड़ते थे। इसके बाद हर शेर पर आठ आने अलग

से देने होते थे। इसके अलावा लखनऊ से बाहर के जो शायर इसमें शामिल होते और मुशायरे में शिरकत नहीं कर पाते थे वो अपनी ग़ज़लें लिखकर भेजते थे जिसे गुलदस्ता के सम्पादक ख़ुद सुनाते थे। इस गुलदस्ते की लोकप्रियता के चर्चे होने के बाद पटना सहित अन्य शहरों से भी गुलदस्ता शोअरा निकलने लगे।

1848 ईस्वी में मौलवी करीमुद्दीन ने गुलदस्ता नाम का रिसाला निकाला। वो शायरों को कोई भी एक मिसरा ख़त के ज़रिये भेज कर उस पर ग़ज़ल मँगवाते थे और फिर वो तमाम ग़ज़लें गुलदस्ता में छापी जाती थीं। इसे 'तहरीरी मुशायरे' का नाम दिया गया।

अब लोगों का मुशायरों में जाये बिना दूसरे शायरों के कलाम तक पहुँच बनाना आसान हो गया। गुलदस्ते एक तरह के छपे हुए मुशायरे कहे जा सकते थे। उस्ताद शायरों का कलाम दूरदराज इलाक़ों तक तेज़ रफ़्तारी से पहुँचने लगा। अब बड़े तबक़े तक शायरी की पहुँच आसान हो रही थी।

गुलदस्ता ने ग़ज़ल के शायरों को नायाब प्लेटफ़ॉर्म मुहैया करा दिया। फिर तो जैसे–जैसे भारत में प्रिंटिंग प्रेस की व्यवस्था आसान और मज़बूत होती गयी 'तहरीर मुशायरों' की संख्या बढ़ती चली गयी। गुलदस्ता के तर्ज़ पर और भी रिसाले निकलने लगे। अब दूसरे शायरों के कलाम को याद करना ज़रूरी नहीं रह गया। गुलदस्तों के ज़रिये शायरों का कलाम साहित्य प्रेमी संग्रह के रूप में रखने लगे। कलकत्ता, मुर्शिदाबाद, हैदराबाद, भोपाल, पटना और औरंगाबाद के शायरों का कलाम हर महीने दिल्ली, रामपुर, टोंक, लखनऊ, इलाहाबाद, बनारस आदि शहरों में पहुँचने लगा। इससे पहले शायरी का इतनी तेज़ी से एक से दूसरे स्थान पर पहुँचना सम्भव नहीं हुआ था। फ़िलहाल ज़माने की हवा करवट बदल रही थी।

बदले हुए लहजे में भी हम बात कहेंगे

आमतौर पर शायरी में हास्य को दोयम दर्जे की बात माना जाता था। इसलिए कोई शायर हास्य रचनाएँ करने की हिम्मत ही नहीं करता था हालाँकि इक्का–दुक्का हास्य रचनाएँ लिखी जाती रहीं लेकिन उन्हें साहित्यिक दर्जा हासिल नहीं था। इस क्षेत्र में सबसे पहले जाफर जटल्ली ने ना सिर्फ़ हास्य–व्यंग की रचनाएँ शुरू कीं बल्कि अपने जाननेवालों के यहाँ होनेवाले मुशायरों में भी सुनाना शुरू किया। अंग्रेज़ों ने जब भारत पर पूरी तरह क़ब्ज़ा जमा लिया तो उनकी नीतियों की आलोचना के लिए हास्य–व्यंग को सबसे कारगर समझा गया। अकबर इलाहाबादी ने राजनीतिक व्यंग की शुरुआत की तो हास्य–व्यंग पर आधारित उर्दू की पहली पत्रिका 'अवध पंच' का प्रकाशन शुरू हुआ। इसमें छपनेवाले शायर आगे चलकर मुशायरों में भी अपनी रचनाएँ सुनाने लगे। धीरे–धीरे मुशायरों में हास्य–व्यंग के शायरों को थोड़ी–सी ही सही लेकिन जगह मिलनी शुरू हो गयी।

अब बग़ावत भी ज़रूरी है मोहब्बत की तरह

बहादुर शाह ज़फ़र और अवध के नवाब वाजिद अली शाह की गिरफ़्तारी के बाद निराशा, आक्रोश और अपने गौरवशाली अतीत के शोक से पैदा हुए माहौल में उर्दू शायरी के स्वरों में बदलाव आने लगा। इस बदलाव की रूपरेखा लाहौर में तय हुई और नेतृत्व किया मौलाना मोहम्मद हुसैन आज़ाद और हाली ने। आज़ाद दिल्ली कालेज के छात्र रह चुके थे, आधुनिक शिक्षा से उनका परिचय हो गया था। बादे में वो लाहौर में शिक्षा विभाग में सरकारी नौकर हो गये थे।

1857 के आन्दोलन के बाद दिल्ली और उसके आसपास के इलाकों से उर्दू के साहित्यकारों का पलायन शुरू हो गया। बड़ी संख्या में ऐसे साहित्यकारों ने लाहौर में शरण ली और उस समय लखनऊ के बाद लाहौर उर्दू का सर्वाधिक बड़ा और महत्त्वपूर्ण केन्द्र बना था। यहाँ कई बुद्धिजीवियों और साहित्यकारों ने अंजुमन पंजाब नाम की संस्था का गठन किया। इस संस्था का मक़सद था वहाँ एक यूनिवर्सिटी स्थापित करना लेकिन इस संस्था ने उर्दू साहित्य के लिए भी काम करना शुरू किया। साहित्यकारों को एकजुट करने के लिए उन्होंने मुशायरों का सहारा लेना शुरू किया। संस्था ने समाज के ख़ास तबक़े के साथ-साथ आम लोगों को भी मुशायरों से जुड़ने के लिए प्रेरित किया। दरअसल संस्था के लोग मुशायरों के ज़रिये शायरी के साथ-साथ शिक्षा का प्रचार और प्रसार करना चाहते थे। मोहम्मद हुसैन आज़ाद और हाली जैसे उर्दू के दिग्गज शायरों ने इस संस्था का नेतृत्व किया। पंजाब में मुशायरे तो पहले भी होते थे

लेकिन अंजुमन पंजाब ने जिस स्तर पर सिलसिलेवार ढंग से नियमित मुशायरे आयोजित करने शुरू किये वो साहित्य जगत में अपनी तरह की एक क्रान्ति थी।

आज़ाद और हाली ने मुशायरों में की जानेवाली परम्परागत शायरी का भी विरोध किया। इस तरह उर्दू शायरी में मुग़ल सत्ता के पतन, अंग्रेज़ों के अत्याचारों से हुई तबाही, निराशा और फिर अपने हालात बदलने की जद्दोजेहद का माहौल शायरी में झलकने लगा। कुछ ही समय में शायरी में स्वतन्त्रताबोध और समय के तकाजों का भाव जगह पाने लगा। अंजुमन पंजाब का पहला बड़ा कार्यक्रम 15 अगस्त 1867 को हुआ। इसमें मोहम्मद हुसैन आज़ाद ने ज़बरदस्त ऐतिहासिक भाषण दिया। इसमें उन्होंने उर्दू शायरी की त्रुटियों की ओर इशारा करते हुए कहा कि कविता को मानव जीवन और प्रकृति के सभी अंगों पर प्रकाश डालने की ज़िम्मेदारी उठानी चाहिए जो कि बदक़िस्मती से नहीं हो रहा है। हालाँकि हमारी काव्य रचना को कुछ विषयों तक सीमित रखकर भी हमारे पूर्वजों ने महान रचनाएँ दी हैं लेकिन अब तक उन्हीं की लकीर पीटी जा रही है, उन्हीं के चबाये हुए निवाले खाये जा रहे हैं। आज़ाद ने अपने भाषण में नये समाजी हालात और एहसासात को शायरी में जगह देने का सुझाव दिया। उनके भाषण ने हलचल मचा दी। उनकी जम कर आलोचना भी हुई लेकिन उनके समर्थन में भी स्वर उठे।

नयी बात करने को जी चाहता है

इसके बाद अंजुमन पंजाब की नींव पड़ी और 8 मई 1874 को वह पहला यादगार मुशायरा हुआ जिसमें नये ढंग की उर्दू कविताएँ पढ़ी गयीं। आज़ाद कोई साधारण कवि नहीं थे लेकिन इस मुशायरे में उन्होंने नज़्म पढ़ी जिसमें रात्रि के विभिन्न रूपों का चित्रण है। इसी मौक़े पर हाली ने कुछ रचनाएँ पढ़ीं जो उन्होंने ख़ास इसी मुशायरे के लिए लिखी थीं। थोड़े ही समय में उर्दू शायरी के ये नये तेवर देश भर में ना सिर्फ़ चर्चा का विषय बन गये बल्कि इसका अनुसरण भी होने लगा। उस समय के भारतीय समाज में भी राजनीतिक, आर्थिक और प्रशासनिक कारणों से बदलाव के लिए सही ज़मीन तैयार हो रही थी।

मोहम्मद हुसैन आज़ाद की परिवर्तन समर्थक शायरी की एक झलक यहाँ देखी जा सकती है।

है सामने खुला हुआ मैदाँ चले चलो
बाग–ए–मुराद है समर अफशाँ चले चलो
दरिया हो बीच में कि बियाबाँ चले चलो
हिम्मत ये कह रही है खड़ी, हाँ चले चलो
चलना ही मसलहत है मेरी जाँ चले चलो

हिम्मत के शहसवार जो घोड़े उड़ाएँगे
दुश्मन फलक भी होंगे तो सर को झुकाएँगे
तूफ़ान बुलबुलों की तरह बैठ जाएँगे
नेकी के दौर उठ के बदी को बचाएँगे
बैठो न तुम मगर किसी उन्वाँ चले चलो

आज़ाद के अलावा बदले स्वर की शायरी करने में एक अहम और बड़ा नाम ख़्वाजा अलताफ हुसैन हाली का है। हाली ग़ालिब के सबसे प्रिय शिष्यों में से एक थे। आजीविका की तलाश में वे भी लाहौर पहुँचे जहाँ पंजाब गवर्नमेंट बुक डिपो में उन्हें छोटी–सी नौकरी मिल गयी। उनका काम था अंग्रेज़ी से उर्दू में अनुवाद की हुई पुस्तकों की भाषा सँवारना। चार साल की नौकरी के दौरान उन्होंने अंग्रेज़ी साहित्य के ऐसे–ऐसे पहलुओं से परिचय प्राप्त कर लिया जिसके बारे में उन्होंने कभी सोचा भी ना था। इसका सीधा असर उनकी शायरी पर पड़ा।

आज़ाद और हाली की नयी नज़्म की पैरवी में कई शायरों ने कलाम लिखने शुरू किये। इनसे प्रभावित होकर मेरठ में नज़्म सोसायटी नाम की संस्था की बुनियाद पड़ी और शायरी में सिर उठा रहे नये स्वरों से प्रभावित होकर शायरों ने कलाम लिखना शुरू किया। हालाँकि अपनी स्थापना के क़रीब 15 साल बाद अंजुमन पंजाब की गतिविधियाँ धीमी पड़ गयीं लेकिन इसने उर्दू शायरी में नये विचारों की ज़बरदस्त हिमायत कर उर्दू शायरी में नया माहौल पैदा कर दिया। दिल्ली में 'दिल्ली सोसायटी' और लखनऊ में 1895 में 'दायरे अदब' नाम की संस्था का गठन किया गया। इसमें सफी लखनवी जैसे दिग्गज शायर ने अहम भूमिका निभायी। उर्दू साहित्य का इतिहास इस बात का गवाह है कि ये सारी गतिविधियाँ पंजाब सोसायटी के गठन से उभरे माहौल का नतीजा थीं।

इन गतिविधियों की वजह से तत्कालीन मुशायरों के स्वरों और स्वरूप में बहुत बदलाव आया। अब तक होनेवाले मुशायरों में पहले मिसरे तरह दिया जाता था जिसके आधार पर शायर ग़ज़लें लिखकर लाते थे। इस तरह ग़ज़ल मुशायरों की एकमात्र विधा मानी जाती थी। लेकिन अब बिना मिसरा तरह दिये भी मुशायरे आयोजित किये जाने लगे। इसमें शायर अलग–अलग विषयों पर नज़्में लिखकर लाते थे। नज़्मों को महत्त्व मिलने लगा और उर्दू शायरी में विषयगत विस्तार के नये–नये रास्ते बने।

जिन मुशायरों में सिर्फ़ नज़्में सुनायी जाती थीं उन्हें मुशायरे की जगह नाम दिया गया 'मुनाजमे'। इसकी शुरुआत ने साहित्यकारों को इस ओर भी सोचने को प्रेरित किया कि काव्य सभाओं के साथ ही गद्य सभाएँ भी तो आयोजित की जा सकती हैं। लखनऊ में 'दायरे अदब' ने गद्य रचनाओं को सुनने–सुनाने की रिवायत शुरू की जिसे नाम दिया गया 'मुनासरे'।

जो कहा नहीं वो सुना करो

इतना सब होने पर भी उर्दू शायरी के केन्द्र में तब भी ग़ज़ल ही रही। इसकी कई वजहें थीं। इनमें से अहम वजह थी नज़्म लिखने और सुनाने में समय लगता था। जबकि ग़ज़ल कम समय में सुना दी जाती थी। इसके अलावा नज़्म को अन्त तक सुनना होता था तभी उसका सम्पूर्ण अर्थ सामने आता था। स्वाभाविक है कि समाज और साहित्य में उठनेवाली नयी लहरों का विरोध होता है। नज़्मों के मुशायरों यानी 'मुनाजमों' का भी विरोध हुआ। इन हलचलों से उर्दू शायरी को तेज़ी से विस्तार मिला। नज़्में, ग़ज़लें, कसीदे और मर्सिये तो परम्परागत शैली में पहले भी लिखे जा रहे थे मगर अब नये–नये विषयों पर शायरी होने लगी। इतना सब होने पर भी उर्दू शायरी के केन्द्र में अब भी ग़ज़ल का ही डंका बज रहा था।

फिर भी आज़ाद और हाली ने नज़्मों की जो मुहिम शुरू की उसके लोकप्रिय होने से ग़ज़ल के शायरों ने भी नये विषयों पर सोचना शुरू कर दिया। उधर बीसवीं सदी शुरू होते–होते नज़्म लिखनेवाले शायरों की बड़ी जमात सामने आ गयी। ये लोग मुशायरों में भी अपनी पहचान बना रहे थे। इन शायरों ने श्रोताओं के मिज़ाज को नज़्मों की तरफ़ मोड़ा। इन शायरों में अल्लामा इक़बाल का नाम अहम है। उनकी नज़्मों की लोकप्रियता का ये आलम था कि उन्हें सुनने के लिए अलग से जलसे आयोजित किये जाने लगे थे। सितम्बर 1904 में इक़बाल ने अपना तराना 'सारे जहाँ से अच्छा हिन्दोस्ताँ हमारा' ऐसे ही एक जलसे में सुनाया। इक़बाल सहित

किसी को भी उम्मीद नहीं थी कि ये तराना शहर–शहर, घर–घर गाया जाने लगेगा। इसके बाद इक़बाल जिस मुशायरे में जाते पहले यही तराना सुनाना पड़ता था। पहली बार भारत की सांस्कृतिक और सामाजिक विविधता और भौगोलिक महत्ता को उर्दू काव्य में इस तरह प्रस्तुत किया गया था। कुछ सालों में देश के कोने–कोने में इस तराने से प्रभावित होकर असंख्य नज़्में कही गयीं।

उधर सफी लखनवी नज़्मों की सरपरस्ती के मामले में एक संस्था बन गये थे। उनकी पचास–पचास बन्द की नज़्में और मुसद्दस लोग चाव से सुनते थे। देश के हालात, समाज की बेचैनी और इस्लाम का स्वर्णयुग उस दौर की नज़्मों के प्रमुख विषय हुआ करते थे।

राजनीतिक और सामाजिक सभाओं की शुरुआत में नज़्में पढ़ी जाने लगीं। चकबस्त, भला राम वफ़ा, नौबत राम नज़र, सीमाब अकबराबादी, दुर्गा सहाय सुरूर, ज़फ़र अली ख़ान नज़्म के शायरों में बड़े नाम थे। बाद में इस कारवाँ में जोश मलीहाबादी, सागर निज़ामी, सरोश सिद्दीक़ी, एहसान दानिश, आनन्द नारायण मुल्ला, अख़्तर शीरानी, हफ़ीज़ जालन्धरी, अली सरदार जाफ़री, अख़्तरुल ईमान और कैफ़ी आज़मी, मजाज़ और साहिर जैसे कई नाम शामिल हुए। ये लोग ख़ासकर नज़्मों के शायर थे लेकिन मुशायरों में बेहद लोकप्रिय थे। अब उर्दू उस दौर में हिन्दुस्तान की सबसे ज़्यादा बोली जानेवाली भाषा बन चुकी थी। बक़ौल दाग़ देहलवी :

उर्दू है जिसका नाम हमीं जानते हैं दाग़
सारे जहाँ में धूम हमारी ज़बाँ की है

क़फ़स में रह के भी आज़ाद रहेगी क़लम मेरी

1920 के बाद बड़ी संख्या में अंग्रेज़ों का विरोध करने के जुर्म में नेता, साहित्यकार और सामाजिक कार्यकर्ताओं को जेलों में डाला गया। जेल की तन्हाई और कठोरता का मुक़ाबला शायरों और कवियों ने अपनी रचनाओं से किया। इससे जेल में बन्द दूसरे क़ैदियों को भी साहित्य के ज़रिये ग़ुलामी, आज़ादी, और इन्सानी क़द्रों के बारे में दृष्टि मिली। जेलों में बड़ी संख्या में मुशायरे हुए। इन मुशायरों का हवाला समाचार–पत्रों और रिसालों में छपता था। जो शायर जेल से जल्द छूट जाते उनकी बतायी घटना के मुताबिक़ ज़मींदार पत्रिका में जेल के मुशायरों की विस्तृत रिपोर्टिंग छपती थी। आगरा जेल में उस समय शायरों, कवियों और बुद्धिजीवियों का अड्डा बन गया था। शैदा, अहमक, ज़मररुद, उस्मान, रघुपति सहाय फ़िराक़, कृष्णकान्त मालवीय, रामनाथ 'असीर' और महावीर त्यागी जैसे कवि, लेखक और शायर वहाँ क़ैद थे। देशप्रेम के नियमित मुशायरे आगरा जेल में होने लगे। बाद में तराना–ए–क़फ़स शीर्षक से इन रचनाओं का संग्रह कृष्णकान्त मालवीय के सम्पादकत्व में प्रकाशित हुआ।

भारत विभाजन के कुछ ही साल बाद पाकिस्तान में उन साहित्यकारों पर कहर टूटने लगा जिनकी क़लम सरकार के कामों की आलोचना कर रही थी। 1950 में कई साहित्यकार जेलों में डाल दिये गये। इनमें अली सज्जाद ज़हीर, फ़ैज़ अहमद फ़ैज़ और अता मोहम्मद जैसे लोग शामिल थे। इन साहित्यकारों को जेल में दूसरे क़ैदियों से अलग–थलग रखा जाता था। जेल की कठोरताओं से

मुक़ाबला करने के लिए ये लोग मौक़ा मिलते ही वहाँ मुशायरा कर लेते थे। 30 मई 1953 को पाकिस्तान के हैदराबाद में सेंट्रल जेल में बन्द साहित्यकारों ने जो मुशायरा किया उसमें मिसरे तरह भी दिया गया। अली सज्जाद ज़हीर और फ़ैज़ अहमद फ़ैज़ भी उस मुशायरे का हिस्सा बने। इस मुशायरे का मिसरे तरह था :

बहिश्ते दिल सरे बाज़ार लिए फिरती है
शमशीर है वही के जो उरियाँ है इन दिनों

करोगे याद तो हर बात याद आयेगी

मुशायरे का जो आधुनिक रूप हमारे सामने है वो शुरू से ऐसा नहीं था। दरबारों में मुशायरा, नशिस्त (बैठक) के रूप में आरम्भ हुआ। आगे चलकर उस्ताद शायरों के घर पर क़रीब–क़रीब रोज़ शाम को ही नशिस्तें हुआ करती थीं। इन नशिस्तों में बादशाहों के दरबारों की तरह तामझाम ना होने की वजह से शामिल होना सहज था। इसमें उस्ताद की उपस्थिति सबसे अहम होती थी और दरबार की तरह सिर्फ़ विशिष्ट लोगों को ही नहीं आमन्त्रित किया जाता था बल्कि आर्थिक रूप से सामान्य बौद्धिक वर्ग के लोग ही शामिल होते थे। जो लोग दरबार के मुशायरों में शामिल नहीं हो सकते थे उनके लिए ये नशिस्तें कक्षाओं का काम करती थीं।

आगे चलकर मुशायरों का स्वरूप बदला, उसकी पहुँच बढ़ी और क़ायदे क़ानून में भी बदलाव आया लेकिन नशिस्त का सिलसिला जारी रहा। नशिस्तों ने उर्दू के व्याकरण, मुहावरों, शब्दों के प्रयोग आदि में सर्वाधिक महत्त्वपूर्ण भूमिका निभायी। मुशायरे के मुक़ाबले नशिस्त में शायरों और श्रोताओं की संख्या कम होने की वजह से भाषा सम्बन्धी बहसों के सार्थक नतीजे निकलते थे। मुशायरा एक बड़ा आयोजन होता था जबकि नशिस्त छोटे स्तर पर ही आयोजित कर ली जाती थी। हर समाज में शाम को बैठकें करने का रिवाज किसी–न–किसी रूप में शामिल रहा है। नशिस्त की वजह से प्रबुद्ध वर्ग को ना सिर्फ़ शाम को एकजुट होने का मौक़ा मिला बल्कि बौद्धिक खुराक भी मिलती रही। बच्चों और नवयुवकों के लिए नशिस्त भाषा,

व्यवहार और तमीज सीखने की पाठशालाएँ बन गयीं। नशिस्तों का सिलसिला राजनीतिक अव्यवस्थाओं के बीच भी चलता रहा। उर्दू शायरी और मुशायरों को नशिस्तों ने इतनी बड़ी संख्या में ग़ज़लें उपलब्ध करायीं कि दुनिया की दूसरी भाषाओं के मुक़ाबले में बहुत ही कम समय में उर्दू के पास विश्वस्तरीय कविताओं का भण्डार जमा हो गया।

नशिस्तों की परम्परा पर हास्य–व्यंग के शायर स्वर्गीय सागर ख़य्यामी का कहना था कि किसी भी ऐसे शहर में जहाँ उर्दू भाषियों की अच्छी संख्या होती थी वहाँ साप्ताहिक नशिस्तों की परम्परा थी। लखनऊ, हैदराबाद, मुर्शिदाबाद, पटना, दिल्ली और भोपाल जैसे शहरों में हर सप्ताह सौ से अधिक नशिस्तें हुआ करती थीं। रामपुर, टोंक, कलकत्ता, जयपुर आदि शहरों में भी हर महीने चार से पाँच सौ नशिस्तें हुआ करती थीं। इन नशिस्तों के चलते मोटे तौर पर एक शहर में हर महीने हज़ार से बारह सौ ग़ज़लें वुजूद में आ जाती थीं। पुराने समय में एक ग़ज़ल में 18 से 20 शेर होते थे हालाँकि इससे ज़्यादा शेरों की ग़ज़लें भी कही जाती थीं। इस तरह देखें तो शहर–शहर होनेवाली नशिस्तों ने उर्दू शायरी के ख़ज़ाने में अथाह काव्य संग्रह इकट्ठा कर दिया। इन नशिस्तों से ही आत्मविश्वास हासिल कर नये शायर मुशायरों तक पहुँचा करते थे। जहाँ उन्हें एक बड़ा श्रोता वर्ग मिलता था।

जो घर को आग लगाये हमारे साथ चले

रूस में समाजवाद का नारा देकर क्रान्ति करनेवालों ने जारशाही के पतन के बाद जब सरकार बना ली तो पूरी दुनिया में सनसनी फैल गयी। इस क्रान्ति को मज़दूरों और किसानों का भारी समर्थन था। 1917 के आसपास रूसी समाजवाद की धुँधली–सी तस्वीर मुट्ठी भर भारतीय बुद्धिजीवियों के मन में उभरने लगी थी। रूस में सत्ता परिवर्तन के लिए चले आन्दोलन में वहाँ के लेखकों, कवियों और कलाकारों ने जान पर खेल कर हिस्सा लिया था। वो लोग इन भारतीय बुद्धिजीवियों के इस वर्ग को आदर्श लगने लगे थे। भारत में भी अंग्रेज़ों के ख़िलाफ़ रूस की ही तर्ज़ पर क्रान्ति करने का विचार पनपने लगा। अब यह चर्चा शुरू हुई कि शायरों, कवियों और कलाकारों का भी समाज के प्रति दायित्व होता है इसलिए उन्हें अपनी कला के ज़रिये लोगों को जागरूक करना चाहिए। लन्दन में कुछ पढ़े–लिखे भारतीयों और रूसी कम्युनिस्ट के समर्थक अंग्रेज़ों के बीच भी इसी तरह का विचार–विमर्श चल रहा था। आगे चलकर भारत की आज़ादी के लिए संघर्ष छेड़ चुके जवाहरलाल नेहरू और आचार्य नरेन्द्र देव सहित कुछ नेता भारत में वैकल्पिक शासन व्यवस्था का रूप प्रस्तुत कर रहे थे।

1935 में जब प्रगतिशील आन्दोलन की रूपरेखा तय हो रही थी तो तमाम नौजवान और बदलाव के पैरोकार कवि और लेखक इससे जुड़ने लगे। बहुत से वरिष्ठ साहित्यकारों और नेताओं ने भी इस रूपरेखा का समर्थन किया। प्रेमचन्द, सज्जाद ज़हीर, जोश और

फ़िराक़ जैसे दिग्गज इस आन्दोलन की बुनियाद डालने वालों में से थे। रवीन्द्रनाथ टैगोर ने भी इसका समर्थन किया था। दरअसल उस समय समाज में देश की आर्थिक दुर्दशा और मानसिक गुलामी को लेकर भारी बेचैनी और छटपटाहट थी। ये आन्दोलन जनता को साहित्य के क़रीब लाने की उम्मीद पर खड़ा किया गया था। ये आन्दोलन आम आदमी की परेशानियों और सपनों को साहित्य में शामिल करने का हिमायती था। बल्कि आगे चलकर आम आदमी प्रगतिशील साहित्य का केन्द्र बिन्दु बन गया।

इस आन्दोलन ने जल्द ही तमाम युवा कवियों, शायरों और लेखकों को जन्म दिया जिनमें से ज़्यादातर ऐसे थे जिनके परिवारों का साहित्य से सीधा सम्बन्ध नहीं था बल्कि इन लोगों ने सामाजिक बदलाव के लिए साहित्य को हथियार बनाया था। उस समय बुद्धिजीवियों और साहित्यकारों के बीच कई अहम सवाल उभरे जैसे कि साहित्य का मक़सद क्या होता है, शायरी सौन्दर्यशास्त्रीय रुचि की सन्तुष्टि के लिए होना चाहिए या उसका काम जीवन में जो कुरूपता उभर आती है उस ओर उँगली उठाना भी है। शायरी का मक़सद नैतिक मूल्यों के पतन का शोक मनाना और इन्सान की बुनियादी मासूमियत की मौत का रोना रोना है। उसका काम समाज को बदलना और लोगों को हालात के प्रति जागरूक करना है या फिर शायरी व्यक्तिगत भावनाओं की अभिव्यक्ति मात्र है।

ये बहसें साहित्यकारों के बीच उभरीं और तीखी हुईं और इतनी तीखी हुईं कि अलग–अलग गुट बन गये। लेकिन किसी भी गुट के पास यह तसल्लीबख़्श जवाब नहीं था कि शायरी का क्या काम है। स्वतन्त्रता आन्दोलन के संघर्ष का समय सामाजिक और राजनीतिक चेतना का तो समय था ही साथ ही आस्थाओं की तोड़फोड़ का ऐसा समय था जो पहले कभी नहीं देखा गया था।

समय के साथ–साथ भावनाएँ व्यक्त करने का अन्दाज़, शब्द, रूपक, उपमाएँ और मुहावरे बदल जाते हैं। वह दौर ऐसे ही बदलाव का दौर था। शायरी में सामन्ती समाज की दी हुई रूमानियत और

रहस्य में लिपटा मीठा, नर्म और संगीतमयी लहजा बदल रहा था। मशीनी युग का आरम्भ समाज में ख़ासी अराजकता ला रहा था और देश ग़ुलामी की ज़ंजीरों में जकड़ा था। ऐसे में शायरी का सदियों से चला आ रहा लहजा मौजूदा समय के लिए नाकाफ़ी मालूम दे रहा था।

मुशायरों में तब भी परम्परागत शायरी का बोलबाला था और शायरी के केन्द्र में ग़ज़ल का सिक्का चल रहा था। मीठे लहजे की हुस्न और इश्क़ की शायरी को पसन्द करनेवाला तबका उस लहजे का इतना आदी हो चुका था कि किसी तरह के खुरदुरेपन और कड़वाहट को गवारा नहीं कर रहा था। जबकि नौजवान शायरों के लिए प्रेरक तत्त्व अपने बुजुर्गों से बहुत अलग थे। अंग्रेज़ी सरकार की क्रूरता, गाँधी जी का सविनय अवज्ञा आन्दोलन, दूसरे विश्वयुद्ध के बाद के हालात, मुस्लिम लीग का उभरना, बंगाल का विनाशकारी अकाल और देश विभाजन की सुगबुगाहट ऐसे तत्त्व थे जो उस दौर के साहित्यकारों को उद्वेलित कर रहे थे और वे इन्हीं तत्त्वों से प्रेरित होकर साहित्य रच रहे थे। पुराने मूल्य ध्वस्त हो रहे थे जिनकी क़ब्र पर नये मूल्य जन्म ले रहे थे। ऐसे हंगामे भरे दौर से मुशायरे भी भला कैसे बचते।

अब ग़ज़लों में चारित्र्य और तत्त्वज्ञान की बातें उभरने लगीं। राष्ट्रीयता यानी क़ौमी भावनाओं पर कविताएँ लिखी गयीं और अंग्रेज़ी हुकूमत एवं उसकी संस्कृति पर ढके छुपे लेकिन तीखे व्यंगात्मक शेर भी लिखे जाने लगे। ग़ज़ल में इश्क़ का केन्द्र ख़ुदा या माशूक न होकर राष्ट्र और मातृभूमि हुई। इसका मुख्य उद्देश्य अब आज़ादी हो गया। 'हाली', 'अकबर इलाहाबादी' 'चकबस्त' और 'इक़बाल' इस युग के महान शायर हैं।

तेरे वुजूद पे उँगली उठायी है सबने

सबसे बड़ा संकट तो ग़ज़ल के अस्तित्व पर आ गया। भारत में उर्दू जिस गति से फैली उसमें सबसे बड़ा योगदान उर्दू शायरी का था और उसकी सबसे प्रभावशाली विधा थी ग़ज़ल। कई साल पहले आज़ाद, हाली और कुछ तो दूसरे शायरों ने नज्म की शायरी को एक आन्दोलन के रूप में बढ़ावा दिया। इससे उर्दू शायरी का विषयगत विस्तार हुआ मगर ग़ज़ल की लोकप्रियता पर कोई असर नहीं पड़ा। लेकिन प्रगतिशील आन्दोलन का दौर आते–आते अब ग़ज़ल से बग़ावत के लहजे में नज़्म का समर्थन किया जाने लगा। नज़्म के समर्थकों का कहना था कि ग़ज़ल के दो मिसरों में भावनाओं, समस्याओं और समाधान को व्यक्त नहीं किया जा सकता। वैसे भी ग़ज़ल का तो अर्थ ही है महबूब से बातें करना। महबूब से बातें करने का समय बीत चुका है, शायरी को दरकार है कि अब पूरी इन्सानियत की बात की जाये।

उर्दू साहित्य में लखनऊ, पटना, भोपाल, लाहौर और हैदराबाद प्रगतिशीलता के केन्द्र के रूप में स्थापित हुए। लेकिन उर्दू के जो शायर प्रगतिशील आन्दोलन के अलमबरदार बने उनमें मजरूह और फ़िराक़ जैसे गिनेचुने ही ग़ज़ल के शायर थे बाक़ी सबने नज़्म को अपनी बात कहने का माध्यम बनाया।

इस दौर में ग़ज़ल के ख़िलाफ़ यह तर्क भी दिया गया कि ग़ज़ल का दायरा सीमित है और इसमें इन्सान के हर जज़्बात को क़ाबिले तारीफ़ तरीक़े से बयान नहीं किया जा सकता। समाज की विडम्बनाओं, विरोधाभासों और परेशानियों को क़लमबन्द करने के

उसका सानी जमाल मुश्किल है
और तेरी मिसाल मुश्किल है
दिल के हाथों है जान आफत में
नासमझ की सँभाल मुश्किल है

–सरला बर्क़

भरी महफ़िल में भी तन्हाइयाँ महसूस करती हूँ
कि दिल में आजकल वीरानियाँ महसूस करती हूँ
कभी वो दिन थे हासिल, थी मुझे ग़म में भी एक लज़्ज़त
मसर्रत में भी अब तो तल्ख़ियाँ महसूस करती हूँ

–करामत फ़ातमा बेगम

इसके अलावा शफीक़ बानो शफीक़, जोहरा जमाल, उम्मतुल रूफ नसरी, कनीज़ फ़ातमा काश, सैयदा अख़्तर, रज़िया सज्जाद ज़हीर और दारा बानो वफ़ा उस दौर की मशहूर शायराएँ थीं। साठ के दशक तक महिला शायरों ने ख़ासी शोहरत हासिल कर ली थी। इस दौर की चर्चित शायराओं में याद देहलवी, जोहरा निगाह, सहबा कज़्लबाश का नाम प्रमुख था। इनमें बहुत–सी अच्छी आवाज़ की मालिक थीं और कई तहत में पढ़ती थीं। हालाँकि ये ज़रूर है कि पारिवारिक ज़िम्मेदारियों के चलते इनमें से ज़्यादातर पुरुष शायरों की तरह देश भर के मुशायरों में नियमित हिस्सा नहीं ले पाती थीं। उधर पाकिस्तान की महिला शायरों ने शायरी में नये अध्याय जोड़ने का जो सिलसिला शुरू किया वह कमोबेश आज भी जारी है। पाकिस्तान बनने के बाद फ़हमीदा रियाज़, किश्वर नाहीद और परवीन शाकिर सहित कई ऐसी महिला शायरों ने साहित्य और मुशायरों में दस्तक दी जो अपने समकालीन पुरुष शायरों से किसी मुक़ाबले में कम नहीं थीं। ग़ज़लों के साथ–साथ इन्होंने नज़्में भी लिखीं और इतनी असरदार लिखीं कि पाकिस्तानी समाज और सरकार दोनों में बेचैनी बढ़ी।

फिर समय बदला तो मुशायरों में महिला शायरों की उपस्थिति और हैसियत भी बदली। भारत के मुशायरों में महिला शायरों ने सत्तर

के दशक में गीत पर अधिक ध्यान देना शुरू किया। गीत के लिए सुरीली आवाज़ भी अनिवार्य बन गयी। तहत में कलाम सुनानेवाली महिलाओं को अक्सर हूटिंग का सामना करना पड़ता था। सुरीली आवाज़ें भले ही किसी और से कलाम लिखवाकर लायी हों हिट होने लगीं। बनाव सिंगार तो महिला का हक होता है लेकिन मुशायरे के स्टेज पर कलाम से ज़्यादा शायराओं की सजधज को अहमियत दी जाने लगी। धीरे–धीरे मुशायरों में महिला शायरों की जो इज़्ज़त पहले होती थी उसमें कमी आ गयी। सुननेवालों में भी पहले जैसी तमीज का माहौल ना रहने से शायराओं पर फ़ब्तियाँ कसने का जो सिलसिला शुरू हुआ वो आज तक जारी है।

बीच–बीच में कई संस्थाएँ केवल महिला शायरों का मुशायरा भी करती थीं। रुक–रुककर यह सिलसिला आज भी जारी है। इन मुशायरों में आयोजक श्रोताओं को लगातार याद दिलाते रहते हैं कि शायरी की महफ़िल की इज़्ज़त बनाये रखें।

बोल के लब आज़ाद हैं तेरे

बदलाव प्रकृति का नियम है लेकिन आज़ादी के बाद देश में सामाजिक और नैतिक मूल्यों में जिस तरह का बदलाव आना शुरू हुआ उस पर शुरू के लगभग एक दशक तक बड़े स्तर पर चर्चा शुरू नहीं हो सकी। एक तो इस बदलाव की किसी को उम्मीद नहीं थी दूसरे देश के नव–निर्माण में जुटे और बेहतरी का सपना देख रहे लोगों को फुर्सत भी नहीं मिली होगी।

नैतिक और राजनीतिक मूल्यों के पतन की शुरुआत ने शिक्षा व्यवस्था पर गहरा असर डालना शुरू किया। कुछ समय बाद ये असर साहित्यिक और सांस्कृतिक संस्थाओं के आयोजनों में भी दिखने लगा। मुशायरे भी इससे नहीं बच सके। हालाँकि अंग्रेज़ों के भारत पर राज के दौरान मुशायरे बौद्धिक मनोरंजन का सबसे असरदार साधन बन चुके थे। मनोरंजन के दूसरे साधनों जैसे नौटंकी, स्वाँग, पारसी थियेटर और सिनेमा के मुक़ाबले में आम लोगों की रुचि को परिष्कृत करने में मुशायरों ने महत्त्वपूर्ण भूमिका निभायी।

उधर विभाजन के बाद पाकिस्तान में मुशायरों ने एक ऐसा काम किया जिसके बारे में सोचा भी नहीं गया था। वहाँ मुशायरों ने दुखे दिलों पर मरहम रखने और रिश्तों को मज़बूत करने का कारनामा कर दिखाया।

बँटवारे के बाद उर्दू बोलने–समझनेवाली एक बड़ी आबादी अपनी जड़ों से उखड़ने और दूसरी जगह पनाह तलाश करने की परेशानियों और उलझनों में घिर गयी। कुछ वक़्त तक मुशायरों की

महफ़िलें काफ़ी उदास रहीं। लेकिन फिर धीरे–धीरे रौनकें लौटने लगीं। पाकिस्तान बनने के बाद भारत से वहाँ पहुँचे मुहाजिरों के आपस में मिलने और वहाँ के शहरियों से सम्बन्ध बनाने में मुशायरों ने जो अभूतपूर्व रोल निभाया वैसा दूसरी कोई संस्था नहीं कर सकी।

लाहौर, कराची, फ़ैसलाबाद, रावलपिंडी जैसे शहरों में दिल्ली, लखनऊ, पटना, भोपाल, मेरठ, मुज़फ़्फ़रनगर, बरेली, मुरादाबाद, बदायूँ, अमरोहा, लुधियाना, टोंक, जालन्धर, अमृतसर, जयपुर, अहमदाबाद, हैदराबाद, मुर्शिदाबाद सहित पचासों शहरों के मुहाजिर पहुँचे। बँटवारे से पहले इनमें से ज़्यादातर लोग एक–दूसरे के शहरों में भी नहीं गये थे। अपनी ज़मीम और खानदान से बिछड़ने का दर्द बाँटनेवाला तो तब होता जबकि दूसरों से मुलाक़ातें होतीं। उस समय समाज के ज़्यादातर तबकों के बीच क्लब जैसी संस्थाएँ नहीं थीं। मुहाजिरों को एक–दूसरे से क़रीब करने में मुशायरों का अहम हाथ रहा।

अमरोहा, बिजनौर, भोपाल, हैदराबाद और पटना सहित कई शहरों के मुहाजिरों ने साहित्यिक संस्थाओं का गठन किया। जिनमें से कई अब भी कायम हैं। ये संस्थाएँ हर हफ़्ते मुशायरे आयोजित करती थीं। इन मुशायरों में पाकिस्तान में पहले से बसे हुए उर्दू भाषियों की भी भागीदारी बढ़ने लगी। भारत से वहाँ पहुँचे कई शायरों जैसे नासिर काज़मी, जॉन इलिया, रईस अमरोहवी सहित बहुतों ने मुशायरों की परम्परा को और मज़बूत बनाया।

इधर भारत में आज़ादी के फ़ौरन बाद ही वामपन्थी विचारधारा रखनेवालों का सरकारी नीति से मतभेद शुरू हो गया। वामपन्थी रुझान के साहित्यकारों ने सरकार की कड़ी और उग्र आलोचना करनी शुरू कर दी। नतीजा ये हुआ कि कई मशहूर शायरों को या तो भूमिगत होना पड़ा या जेल जाना पड़ा। मजरूह सुल्तानपुरी, अख्तरुल ईमान सहित कई शायर जेल में डाल दिये गये। मुशायरों में प्रतिरोधी स्वर तीखे हो ही रहे थे कि शायरों की धरपकड़ से मुशायरों का माहौल बदलने लगा। इन शायरों की गिरफ़्तारी को उर्दू विरोधी क़दम के रूप में भी पेश किया गया।

आसाँ नहीं है इश्क़ की राहों से गुज़रना

भारत की आज़ादी के एक दशक के अन्दर ही साहित्य की प्रगतिशील विचारधारा में बिखराव शुरू हो गया। उसके कई शायर सरकारी प्रकोप का शिकार बने। कुछ को आजीविका की तलाश में इधर–उधर भटकना पड़ा। सरकारी सहायता से होनेवाले मुशायरों में प्रगतिशील विचारधारा के शायरों से कन्नी काटी जाने लगी। आरज़ू लखनवी, कैफ़ी आज़मी, अली सरदार जाफ़री, मजरूह सुल्तानपुरी, साहिर लुधियानवी, जाँ निसार अख़्तर, अख़्तरुल ईमान, आह सीतापुरी सहित कई शायरों ने फ़िल्मी दुनिया को ही पनाहगाह बना लिया। हाँ जिगर मुरादाबादी, फ़िराक़ गोरखपुरी, मख़दूम मोहिउद्दीन और शाज़ तमकनत जैसे दिग्गज शायर सक्रिय थे। अब मुशायरे के स्टेज से नज़्में सुनाने की रिवायत कमज़ोर पड़ने लगी। ग़ज़ल की मुशायरों में केन्द्रीय हैसियत फिर बन गयी।

इस बीच रेडियो ने मुशायरों की प्रसारण संख्या में इजाफ़ा कर इसे सुदूर क्षेत्रों में भी लोकप्रिय बना दिया। आज़ादी के बाद आकाशवाणी ने रेडियो के मुशायरों को लेकर कई प्रयोग भी किये जो ख़ासे पसन्द किये गये। 1955 में ऑल इंडिया रेडियो ने उस्ताद शायरों के मुशायरों की शुरुआत की। इस मुशायरे में सबसे कम उम्र शायर नज़्म आफंदी थे जिनकी आयु उस समय 61 वर्ष थी। इसी तरह लखनऊ रेडियो स्टेशन से महिला शायरों का मुशायरा आयोजित हुआ। भारत में टेलीविज़न के प्रसार से पहले तक रेडियो के मुशायरे बेहद लोकप्रिय रहे। इनका सबसे महत्त्वपूर्ण पक्ष यह था कि एक या डेढ़ घण्टे में बेहतरीन शायरों का कलाम घर बैठकर पूरे परिवार के साथ सुन लिया जाता था।

ऐसे-वैसे कैसे-कैसे हो गये

आज़ादी के बाद मुशायरों पर नवाबों, ज़मींदारों और उच्च शिक्षित माहौल में जन्मे लोगों का एकाधिकार टूटने लगा। कॉलेज और यूनिवर्सिटी जैसे शिक्षण संस्थानों में आज़ादी से पहले ही मुशायरों की मज़बूत परम्परा बन चुकी थी। जो आज़ादी के बाद धीरे–धीरे कमज़ोर पड़ने लगी लेकिन क़स्बों और शहरों में मुशायरों की संख्या बढ़ने लगी। आपस में चन्दा कर और स्थानीय शायरों को बुलाकर मुशायरा करने की कोशिशें काफ़ी कामयाब होने लगीं।

ऐसे मुशायरों का आयोजन करनेवाले एक आयोजन करते ही शहर के सम्भ्रान्त और उर्दू साहित्यकारों के बीच शोहरत हासिल कर लेते थे। फिर चाहे उन्हें शायरी की गहरी समझ हो या ना हो। शायरों की इज़्ज़त और एहतराम के तरीक़े पता हों या ना हों। लेकिन एक–दो मुशायरे आयोजित कर ये लोग उर्दू के लिए काम करनेवालों में शुमार कर लिये जाते थे। स्वतन्त्रता के बाद उर्दू से विद्वेष और सरकारी नीतियों की उर्दू के प्रति उदासीनता से यह माहौल तो बनने ही लगा था कि भारत में उर्दू को ख़त्म करने का षड्यन्त्र शुरू हो गया है। ऐसे में मुशायरा संयोजक क़ौम के हीरो के रूप में सामने आते थे। देखते–देखते मुशायरों की संख्या इतनी बढ़ी कि उनकी गिनती रखना असम्भव हो गयी। अब उर्दू राजनीति का मुद्दा बनने लगी। जिसमें सबसे कारगार और आसानी से उपलब्ध प्रभावशाली हथियार मुशायरे थे।

26 जनवरी, 15 अगस्त, 2 अक्टूबर और 14 नवम्बर जैसे राष्ट्रीय त्योहारों पर मुशायरे करने का चलन साठ के दशक में शुरू हुआ।

ऐसे मौक़ों पर आयोजित मुशायरों में अधिकतर अध्यक्षता के लिए स्थानीय सांसद, विधायक या दूसरे असरदार नेताओं को आमन्त्रित किया जाता। इससे सरकारी अधिकारियों को भी मुशायरों में बुलाने का मौक़ा मिल जाता था। और मुशायरा आयोजक के स्थानीय प्रशासन और नेताओं से सम्बन्ध बनने लगते। नेता ख़ुद ऐसे मौक़ों की तलाश में रहते क्योंकि मुशायरों में सैकड़ों श्रोताओं की मौजूदगी में अपने को उर्दू समर्थक जता कर उनके लिए राजनीतिक फ़ायदा मिलने का रास्ता खुलता था। जबकि उर्दू के नाम पर बँटनेवाली सरकारी रेवड़ियों में से कुछ मुशायरा आयोजकों के हिस्से में भी आने की सम्भावना बनी रहती थी।

भारत के हर हिस्से में अलग–अलग अवसरों पर मेलों के आयोजन की प्राचीन परम्परा रही है। इन्हीं की तर्ज़ पर शहरों में नुमाइश का आयोजन होने लगा। नुमाइश में हर वर्ग के लोगों की भीड़ उमड़ती थी। शहर के बुद्धिजीवियों और साहित्यिक संस्थाओं ने नुमाइशों में मुशायरे आयोजित करने शुरू किये। रामपुर की नुमाइश का मुशायरा अस्सी के दशक तक यादगार आयोजन हुआ करता था। मेरठ में नौचन्दी मेले का मुशायरा और भोपाल के हमीदिया कालेज में होनेवाले मुशायरे एक घटना हुआ करती थी। सातवें दशक के अन्त में भारत–पाकिस्तान रिश्ते सुधरने के बाद मुशायरों में पाकिस्तानी शायरों की शिरकत भी होने लगी। लेकिन नुमाइश या महोत्सवों में होनेवाले मुशायरों में अधिक संख्या उन श्रोताओं की होती थी जो महज़ दिल बहलाने के लिए आते थे। इसका असर मुशायरे के माहौल पर भी पड़ने लगा। जो शेर या नज़्म समझ में ना आये उस पर शोर मचाना और शायर को हूट करना दिल बहलाव का ज़रिया बनने लगा।

हालाँकि इन सबके बीच मुशायरे की पुरानी परम्परा भी बनी हुई थी। उर्दू भाषा और साहित्य को लेकर चिन्ता रखनेवाले साहित्यकार और संस्थाएँ भी मुशायरे आयोजित करती रहीं। इनमें साहित्य और अवाम दोनों में लोकप्रियता हासिल करनेवाले शायर शामिल होते थे। लोगों के बीच चर्चित ना होनेवाले मगर साहित्य में बड़ा स्थान

करनेवाले शायरों के लिए अब इस तरह के मुशायरे ही बच गये थे जहाँ उर्दू शायरी से प्रेम करनेवाले आते थे। जिन्हें किसी शायर का कलाम पसन्द ना आये तब भी ख़ामोशी से सुन लेते थे।

आज़ादी के बाद मुशायरों में भारत और पाकिस्तान दोनों ओर के मुशायरों में एक उल्लेखनीय बदलाव ये आया कि इंक़लाबी शायरी ख़त्म हो गयी। अंग्रेज़ी शासन के विरोध में की गयी शायरी आम तौर पर इंक़लाबी शायरी के नाम से जानी जाती है। लेकिन आज़ादी के बाद वो शायरी इतिहास का हिस्सा बन गयी। वक़्त के बदलाव ने ऐसी शायरी की मंचीय उपयोगिता को ख़त्म कर दिया। जबकि आम इन्सान और उसकी मुश्किलों और आज़ादी के समय देश के लिए देखे गये सपनों को आधार बनाकर की जा रही शायरी की लोकप्रियता में कमी नहीं आयी।

1947 के बाद भारत में देशव्यापी उत्तेजना का समय 1962 में भारत–चीन युद्ध के दौरान आया। उस समय मुशायरों और कवि–सम्मेलनों ने लोगों में देश प्रेम की भावनाएँ जगाने में महत्त्वपूर्ण भूमिका निभायी। शहर–दर–शहर मुशायरे हुए और इनके ज़रिये राष्ट्रीय सुरक्षा कोष में ख़ासा धन भी जमा हुआ। 1965 के भारत–पाक युद्ध के साथ ही देश में प्राकृतिक आपदाओं जैसे बाढ़ और सूखे से प्रभावित लोगों की मदद के लिए भी मुशायरों के आयोजन हुए।

साठ के दशक से मुशायरों में गीतों का बोलबाला बढ़ने लगा। अच्छे तरन्नुम से गीत सुनानेवाले शायर हिट होने लगे। गीतों की भाषा उर्दू–हिन्दी मिली हुई होती थी जिसे समझनेवाले श्रोताओं की तादात बहुत बड़ी थी। दो गीत के सहारे शायर साल भर में अलग–अलग शहरों में पचास या उससे अधिक मुशायरे निपटा देता था। इन गीतों की साहित्यिक हैसियत तो कुछ नहीं थी लेकिन लोगों में बहुत लोकप्रिय होते थे। इन गीतों ने मुशायरों को और लोकप्रियता दी। मुशायरों को तफ़रीह का मौक़ा समझनेवालों को गीतों ने और तफ़रीह के अवसर उपलब्ध कराने शुरू किये। बेकल उत्साही मुशायरे की दुनिया में गीत के बड़े शायर के रूप में उभरे।

सत्तर का दशक भारतीय समाज के लिए बेचैनी और छटपटाहट का समय था। आज़ादी के बाद जन्मी पीढ़ी के सपने बिखर रहे थे। सामाजिक ताने–बाने में भी तनाव उभरने लगा था। युवा पीढ़ी अपनी नाराज़गी का इजहार स्कूल, कालेजों और सड़कों पर करने लगी। इस बेचैनी को शायरी में भी जगह मिलने लगी। आपात्काल और उसके बाद के समय में मुशायरों में मौजूदा व्यवस्था से असहमति और विरोध के स्वर तीखे हुए। इन स्वरों में गम्भीरता का अभाव था लेकिन श्रोताओं को ये स्वर पसन्द आ रहे थे। बाज़ार की माँग और आपूर्ति का फार्मूला मुशायरों पर भी लागू हो चुका था।

इसी समय में मुशायरों के स्टेज पर मजाहिया (हास्य–व्यंग) शायरी का दबदबा भी बढ़ने लगा। मजाहिया शायरी पहले भी होती थी लेकिन अधिकांश मजाहिया शायर दूरदराज मुशायरों में नहीं बुलाये जाते थे। मजाहिया शायरों और महिला शायरों की बढ़ती संख्या ने मुशायरों में वही काम किया जो दाल में तड़का करता है। पब्लिक उखड़ने लगे या किसी गम्भीर शायर की हूटिंग शुरू कर दे तो ऐसे मौक़े पर मुशायरा संचालक के लिए मजाहिया शायर या महिला शायर वही योगदान देते जो फ़िल्मों में आइटम सांग देता है। श्रोताओं की बदलती (गिरती) रुचि को देखते हुए मजाहिया शायरी के नाम पर फूहड़ता और कभी–कभी अश्लील टिप्पणियाँ भी सुनायी देने लगीं। कहीं–कहीं तो ऐसी बातों पर हंगामा खड़ा होने लगा तो कभी संचालक को माहौल दोबारा बनाने में काफ़ी मेहनत करनी होती थी। ऐसे अवसरों पर कई मुशायरे बीच में ही रोक देने पड़े।

फिर भी मजाहिया शायरी की जो परम्परा अकबर इलाहाबादी ने शुरू की थी उसे निभानेवाले नाजिर ख़य्यामी, सागर ख़य्यामी, हिलाल समपुरी, उस्ताद रामपुरी, हिलाल सेहारवी, आदिल लखनवी और पापुलर मेरठी जैसे मजाहिया शायर स्तरीय कलाम सुनाते रहे। एक हैरत की बात ये है कि संख्या के लिहाज से हैदराबाद ने उर्दू को सर्वाधिक मजाहिया शायर दिये लेकिन उत्तर भारत के मुशायरों में हैदराबाद के मजाहिया शायरों की संख्या हमेशा न के बराबर रही।

तेरे अंजाम पे रोना आया

अब समाज में उर्दू लिखने और बोलनेवालों की संख्या घट रही थी। आम बोल–चाल की भाषा जिसे हिन्दुस्तानी नाम मिला था उसमें शायरी की जाने लगी। जो उर्दू बोलने और समझनेवाले फ़ारसी लिपि में उर्दू नहीं पढ़ सकते थे उन्होंने देवनागरी में लिखना शुरू कर दिया। मुशायरों के स्टेज पर युवा शायर काग़ज़ पर देवनागरी में कलाम लिखकर लाने लगे। ये मुशायरों की परम्परा में बहुत बड़ा बदलाव था। लेकिन इस बदलाव को स्वीकार करना समय की मजबूरी थी। उसी दौर में उर्दू को देवनागरी में लिखने का सुझाव और दबाव शुरू हुआ। उर्दू के कई साहित्यकारों ने अपनी रचनाएँ देवनागरी में छपवायीं। उर्दू शायरी का एक बड़ा हिस्सा देवनागरी में छपने और बिकने लगा। इसलिए मुशायरों में देवनागरी में कलाम लिखकर लानेवालों को किसी तरह का अपराधबोध नहीं होता था।

मुशायरों में शामिल होनेवाले वरिष्ठ शायर भी हालात में आ रहे बदलाव को समझ रहे थे। इसलिए मुशायरों के स्टेज से इस मुद्दे पर तीखी आलोचना नहीं हुई। और मुशायरों में वो भी हिट होने लगे जो उर्दू बोल–समझ लेते थे लेकिन फ़ारसी लिपि में उर्दू पढ़ना और लिखना नहीं आता था। इसी दौर में मुशायरों में एक स्थिति यह भी बनना शुरू हुई कि ग़ज़लों के लहजे और कंटेंट में बदलाव आने लगा।

एक ऐसी पीढ़ी जवान हो रही थी जो उर्दू समझ लेती थी और बोल लेती थी लेकिन फ़ारसी लिपि में पढ़ नहीं सकती थी।

अब मुशायरों में ऐसी ग़ज़लों की संख्या बढ़ने लगी जिनके शेर फ़ौरन समझ में आ जायें और वाह–वाह का शोर गूँजता रहे। इसके लिए सबसे लोकप्रिय विषय प्रेम ही था। इसलिए प्रेम पर आधारित शायरी ही मुशायरों का मुख्य स्वर बन गयी।

उर्दू को फ़ारसी लिपि में लिखने का समर्थन करनेवाले और उर्दू के आलोचक एवं भाषाविद् ज़रूर इस नयी व्यवस्था की आलोचना कर रहे थे। लेकिन श्रोता जिसे पसन्द करें उसकी आलोचना उसके लिए नुक़सानदायक नहीं थी। भाषा, साहित्य और कला जैसे विषयों में बदलाव का असर लम्बे अर्से बाद नज़र आता है। उर्दू को फ़ारसी के स्थान पर देवनागरी में लिखने के परिणामों की समय व्याख्या कर देगा।

बस्ती-बस्ती पर्वत-पर्वत धूम मची है

सत्तर के दशक में मुशायरों को उर्दू की नयी बस्तियों में जगह मिलने लगी। ये बस्तियाँ अमेरिका और खाड़ी देशों में उन उर्दू भाषियों ने बसायीं थीं जो रोज़गार की तलाश में वहाँ गये और कुछ सालों में बेहतर ज़िन्दगी गुज़ारने लगे। खाड़ी देशों में तेल का पता चलने के बाद बड़ी संख्या में भारतीय उपमहाद्वीप से कारीगर और मेहनतकश वहाँ गये। अमेरिका और योरोप के कुछ देशों में भी यही हुआ। वहाँ भारत और पाकिस्तान के लोगों ने पैर तो जमा लिए लेकिन अपने देश और समाज की सांस्कृतिक गतिविधियों से दूर हो गये। इनमें से अधिकांश आर्थिक रूप से बेहतर हालात में थे। धीरे–धीरे वहाँ अपनी भाषा और तहज़ीब से जुड़ने और नयी नस्ल को अपनी जड़ों से पहचान कराने के लिए मुशायरों का सहारा लिया जाने लगा।

भारत और पाकिस्तान के शायरों के लिए अच्छी कमाई का एक बड़ा रास्ता खुल गया। खाड़ी देशों में होनेवाले मुशायरे हफ़्ते में तीन दिन यानी शुक्रवार, शनिवार और इतवार को ही आयोजित होते हैं। बाक़ी दिनों में आराम होता है, दावतें होती हैं और मेहमाननवाज़ी का लुत्फ़ उठाया जाता है। जिस दिन मुशायरा नहीं होता उस दिन किसी रईस के घर पर नशिस्त की महफ़िल होती है। यहाँ मुशायरे से ज़्यादा दाद मिलती है और साथ में ढेर सारे तोहफ़े। यहाँ एक फ़ायदा और होता है, जो शायर अपने साथ अपनी किताबें ले जाता है वह सब हाथोंहाथ अच्छे दामों में बिक जाती हैं।

घर से दूर रहने पर घर की याद शिद्दत से आती है। अपने रीति रिवाज, परम्पराएँ और भाषा सबके प्रति संवेदनशीलता बढ़ जाती है। कनाडा, अमेरिका और इंगलैंड में बसनेवाले भारत और पाकिस्तान के लोगों ने वहाँ साहित्यिक संस्थाओं का गठन किया और पहले तो स्थानीय मुशायरों की शुरुआत हुई फिर बाद में भारत और पाकिस्तान के ख्याति प्राप्त शायरों को बुलाकर मुशायरे करवाने की कोशिशें तेज़ हुईं। शायरों के एक दौरे में अलग–अलग शहरों में क़रीब 15 से 20 मुशायरों का कार्यक्रम होता है। वहाँ शायरों को अच्छी रकम मिलती है। अधिकतर मुशायरे किसी कम्युनिटी सेंटर या सभागार में होते हैं। इनमें बड़ी संख्या में शायरी के प्रेमी हिस्सा लेते हैं। सभागार या हाल में सीमित सीटें होती हैं इसलिए बाहर टीवी स्क्रीन लगाकर मुशायरे की कार्यवाही को दिखाने की व्यवस्था की जाती है। हाल में जगह न मिलने पर लोग कारों में बैठकर स्क्रीन पर मुशायरा देखते सुनते हैं।

मुशायरे के सन्दर्भ में साठ के दशक के अन्त में एक अहम बदलाव यह आया कि मुशायरा और कवि–सम्मेलन को साथ–साथ आयोजित करने की परम्परा शुरू हुई। इसकी शुरुआत रेडियो पर तो पहले ही हो चुकी थी लेकिन मंच पर प्रयोग बाद में शुरू हुआ। इसके तहत शायर और कवि एक ही मंच पर बैठकर रचनाएँ सुनाते। यह प्रयोग बहुत पसन्द किया गया। लेकिन आयोजनों के साथ मुशायरे में तारीफ़ करने की परम्परा में बदलाव आ गया। मुशायरों में शायरी की तारीफ़ में वाह–वाह, क्या ख़ूब लिखा है जैसे शब्दों का इस्तेमाल होता था जिसकी जगह तालियों की गड़गड़ाहट ने ले ली।

फिर नये अपने ज़मीन-ओ आसमाँ पैदा करें

सोशल मीडिया के प्रसार के दौर में मुशायरों की लोकप्रियता ने रंग रूप बदलना शुरू कर दिया है। अब परम्परागत मुशायरों में शामिल होना ज़रूरी नहीं बल्कि बरसों पुराने मुशायरों और शायरों को यू ट्यूब पर जब चाहे तब सुनने की सुविधा मिल गयी है। खाड़ी देशों में होनेवाले बहुत–से मुशायरे सत्तर के दशक में कैमरे में क़ैद किये जाने लगे थे। उन पुरानी रिकार्डिंग्स को बहुत–से शायरी के शौक़ीनों ने यू ट्यूब सहित अन्य साइटों पर डाल दिया है। इससे पहले कुछ चुने हुए मुशायरों को दूरदर्शन ही दिखाता था। शुरू–शुरू में वे इतने लोकप्रिय थे कि मुशायरा प्रसारित होने के समय के हिसाब से परिवार का शेड्यूल तैयार हो जाता था। अधिकतर शनिवार की रात प्रसारित होनेवाले मुशायरों के प्रसारण से पहले घर के सभी काम निपटा लिए जाते और फिर डायरी और क़लम लेकर मुशायरा सुना जाता। निजी चैनलों की बाढ़ आने के दौरान ईटीवी उर्दू हर शनिवार को मुशायरों का प्रसारण अनिवार्य रूप से करने लगा। कुछ दूसरे चैनलों ने भी उसका अनुसरण करना शुरू कर दिया है।

2011 में उर्दू शायरी की शौक़ीन राना सहरी ने अनोखा प्रयोग कर ऐसे मुशायरे की बुनियाद डाली जो कभी ख़त्म नहीं होती है। उन्होंने ट्विटर एकाउंट बनाया जिससे कुछ लोग जुड़े। इसमें रोज़ राना कुछ चुने हुए शेर ट्वीट करतीं और जवाब में दूसरे लोग भी शेर ट्वीट करते। बाद में ट्वीट के ज़रिये सदस्यों को पूरे हफ़्ते का शेड्यूल भेजा जाने लगा। मिसाल के लिए सोमवार को अगर किसी

उस्ताद शायर के नाम से ट्वीट होंगे तो अगले दिन किसी ख़ास विषय पर जैसे क़ातिल, महबूब, गेसू, बादल या कोई और शब्द। किसी मशहूर शायर की वर्षगाँठ हो या कोई त्योहार हो, 26 जनवरी या 15 अगस्त, पूरे साल का कैलेंडर देखकर शेड्यूल बनता है। इसके बाद जो चाहे जहाँ जब मौक़ा मिले बताये गये हैशटैग को इस्तेमाल करते हुए ट्वीट करता है। घर बैठे, सफ़र करते, मेट्रो ट्रेन में आते–जाते या किसी भी वक़्त, किसी भी देश में रहनेवाले इसमें शामिल हो जाते हैं। एक थीम अगर सुबह 6 बजे से शुरू हुई तो रात 12 तक चलती है। यहाँ मुशायरा ख़त्म नहीं होता क्योंकि भारत और पाकिस्तान के अलावा कोई लन्दन या कनाडा से ट्वीट करता है तो कोई ऑस्ट्रेलिया, अफ्रीका, दुबई या अमेरिका से।

स्टेज से पर्दे तक

मुशायरों ने साहित्य और समाज को जो भी दिया उससे इतर मुशायरों ने सिनेमा को लाजवाब और बेमिसाल गीतकार भी दिये। 1944 में शकील बदायूँनी मुम्बई में मुशायरे में शिरकत के लिए गये थे। इस मुशायरे में श्रोताओं की पंक्ति में फ़िल्मकार अब्दुल रशीद कारदार भी बैठ थे। उन्होंने शकील को सुना और फिर संगीतकार नौशाद की मार्फ़त शकील से मुलाक़ात कर अपनी फ़िल्म में गीत लिखने का अनुरोध किया। शकील ने कारदार का अनुरोध स्वीकार किया और इसके बाद फ़िल्मी दुनिया को ऐसा गीतकार मिला जिसके गीत पचास साल बाद भी उतने ही लोकप्रिय हैं।

उत्तर प्रदेश के छोटे से शहर सुल्तानपुर में मजरूह सुल्तानपुरी पेशे से हकीम थे और शौक़ था शायरी का। एक बार सुल्तानपुर में आयोजित मुशायरे में वो कलाम सुना रहे थे। उस मुशायरे में जिगर मुरादाबादी भी शामिल थे। उन्होंने मजरूह को सुना तो उनमें बहुत प्रतिभा दिखी। वो मजरूह को देश के कई हिस्सों में होनेवाले मुशायरों में अपने साथ ले जाने लगे। आज़ादी से दो साल पहले ऐसा ही एक मुशायरा मुम्बई में हुआ।

शायरी में गहरी दिलचस्पी रखनेवाले फ़िल्मकार ए.आर. कारदार मुम्बई में आयोजित होनेवाले मुशायरे नहीं छोड़ते थे। उस मुशायरे में उन्होंने मजरूह सुल्तानपुरी को सुना। मजरूह को मुशायरे में सुन कारदार ने उन्हें अपनी नयी फ़िल्म 'शाहजहाँ' के लिए गीत लिखने का अवसर दिया था। इस फ़िल्म के गीत "गम दिये मुस्तकिल कितना

नाज़ुक था दिल ये ना जाना" और "जब दिल ही टूट गया फिर जी कर क्या करेंगे" आज भी बहुत लोकप्रिय हैं। इन्हीं मजरूह को सिनेमा के सबसे बड़े सम्मान फालके पुरस्कार से सम्मानित किया गया। इस सम्मान की बुनियाद बरसों पहले एक मुशायरे ने ही डाली थी।

असद भोपाली तो बाकायदा शायरी का मुक़ाबला जीतकर फ़िल्म 'दुनिया' में पहुँचे। दरअसल फ़िल्मकार फ़ाज़ली बन्धु फ़िल्म 'दुनिया' बना रहे थे। इसके गीतकार थे आरज़ू लखनवी। लेकिन दो गीत लिखने के बाद वो पाकिस्तान चले गये। अब फ़ाज़ली बन्धुओं को ऐसे शायर की तलाश थी जो आरज़ू लखनवी जैसे गीत लिख सकता हो। नये गीतकार की तलाश के लिए फ़ाज़ली बन्धुओं को सुझाव दिया गया कि वो एक मुशायरा कराएँ और जो शायर सबसे ज़्यादा पसन्द किया जाये उसे गीत लिखने की ज़िम्मेदारी सौंपी जाये। भोपाल टाकीज के मालिक और फ़िल्म वितरक सुगम चन्द कापड़ा ने एक मुशायरे का आयोजन किया और ये शर्त रखी कि जो मुशायरे का सबसे सफल शायर होगा उसे फ़िल्म के गीत लिखने का मौक़ा दिया जायेगा। मुशायरा आयोजित किया गया जिसमें अपनी पाटदार आवाज़, कमाल के तरन्नुम और कलाम के दम पर असद भोपाली ने मुशायरा लूट लिया। असद 1949 में मुम्बई आये और हमेशा के लिए यहीं के होकर रह गये। लम्बे समय तक अच्छे गीतकारों की तलाश में रहनेवाले फ़िल्मकारों ने कई मुशायरों से शायरों को अपनी फ़िल्म के गीतकार के रूप में चुना।

अख़्तरुल ईमान की मुशायरों की वजह से जोश मलीहाबादी से दोस्ती हुई। जोश अख़्तरुल ईमान को पूना में शालीमार फ़िल्म कम्पनी में ले गये। वहाँ अख़्तरुल ईमान से कुछ ग़ज़लें सुनी गयीं और फिर उन्हें कम्पनी के स्टोरी डिपार्टमेंट में नौकरी मिल गयी। आगे चलकर अख़्तरुल ईमान ने गीत तो गिनेचुने ही लिखे लेकिन कई फ़िल्मों की कहानियाँ और संवाद लिखे।

आरज़ू लखनवी, जाँ निसार अख़्तर, खुमार बाराबंकवी, साहिर लुधियानवी, ताज भोपाली, दिल लखनवी, अली सरदार जाफ़री और

कैफ़ भोपाली से लेकर राहत इन्दौरी तक शायरों की लम्बी सूची है जिन्हें मुशायरों के स्टेज ने जो लोकप्रियता दी उसका फ़ायदा फ़िल्मों में मिला। लेकिन आगे चलकर ये भी हुआ कि फ़िल्मों की लोकप्रियता को मुशायरे के स्टेज पर भी भुनाया गया।

शह्रयार शुरू से ही गम्भीर शायर के रूप में जाने जाते थे लेकिन अखिल भारतीय मुशायरों में उनकी उपस्थिति कम रहती थी। जैसे ही फ़िल्म 'गमन' में शामिल की गयी उनकी ग़ज़ल "सीने में जलन साँसों में तूफ़ान सा क्यों है" लोकप्रिय हुई और उसके फ़ौरन बाद उमराव जान के गीत गली–गली बजने लगे। शह्रयार की अचानक माँग इतनी बढ़ गयी कि वो देश में ही नहीं विदेशों में होनेवाले मुशायरों का अनिवार्य हिस्सा बन गये। ख़ुद शह्रयार ने इस बात को खुले दिल से स्वीकारा कि फ़िल्मों में उनके गीत हिट होने की वजह से ही उन्हें आम लोगों में लोकप्रियता हासिल हुई। गीतकार नक्श लायलपुरी भी मुम्बई और आसपास के क्षेत्रों में मुशायरों में नियमित हिस्सा लिया करते थे।

इसी तरह निदा फ़ाज़ली जब फ़िल्मी दुनिया में हाथ आजमा रहे थे तब भी बेहतरीन शायरी करते थे लेकिन जब उनके गीत फ़िल्मों में लोकप्रिय हुए तो उन्हें हर मुशायरे में आमन्त्रित किया जाने लगा। जावेद अख़्तर फ़िल्मों में काफ़ी नाम कमाने के बाद उस शोहरत के बल पर मुशायरों में बुलाये जाने लगे। इस क्रम में गुलज़ार का नाम भी शामिल है लेकिन वे बहुत चुने हुए मुशायरों में ही हिस्सा लेते हैं।

मुशायरे के शायरों का सिनेमा से तो रिश्ता रहा ही। कई फ़िल्मों में शायरों को केन्द्र में रखकर फ़िल्में बनीं साथ ही मुशायरे के माहौल को भी अक्सर फ़िल्मकारों ने पर्दे का हिस्सा बनाया। फ़िल्म 'शमा' (1961) एक शायर के प्रेम पर आधारित है। ज़ाहिर है फिर तो मुशायरा होना ही था। फ़िल्म में मुशायरे का सात मिनट लम्बा सीन है। चिलमन के पीछे बैठी लड़कियों को शायरों के कलाम को डायरी पर नोट करते दिखाया गया है। इन लड़कियों में फ़िल्म की हिरोइन सुरैया भी शामिल हैं। इसी तरह फ़िल्म 'पालकी' (1967)

में भी मुशायरे का आयोजन दिखाया गया है। इसमें फ़िल्म के हीरो राजेन्द्र कुमार तरन्नुम में ग़ज़ल पढ़ते दिखायी देते हैं। फ़िल्मी पर्दे पर मुशायरे की छवियाँ कई बार उभरती रहीं और फिर कई वर्षों के लिए ख़ामोशी छा गयी। बरसों बाद साल 2014 में विशाल भारद्वाज ने अपनी फ़िल्म 'डेढ़ इश्क़िया' (2014) में पर्दे पर असली शायरों को भी दिखाया। फ़िल्म के एक सीन में शायर नवाज देवबन्दी, संचालक अनवर जलालपुरी और मंजर भोपाली भी दिखाये गये हैं हालाँकि पर्दे पर ज़्यादा वक़्त नसीरुद्दीन शाह को ग़ज़ल सुनाते दिया गया है।

लेकिन विशाल भारद्वाज या उन जैसे गिनेचुने फ़िल्मकार अपवाद हैं। अब फ़िल्म निर्माण ऐसे लोगों के हाथों में पहुँच गया है जिन्हें साहित्य से ख़ास कर उर्दू साहित्य से कोई सरोकार नहीं रह गया। जबकि समाज में उर्दू–हिन्दी और अंग्रेज़ी की खिचड़ी के रूप में जो बोली विकसित हो रही है नौजवान पीढ़ी उसे ही बोल समझ रही है और यही बोली सिनेमा की भाषा भी बन चुकी है। इस बोली में परम्परागत शायरी का स्थान बहुत कम हो गया है।

ज़मीं खा गयी आसमाँ कैसे-कैसे

बीसवीं सदी जैसे–जैसे अपने अन्त की ओर बढ़ रही थी, अखिल भारतीय मुशायरों में धीरे–धीरे सतहीपन जगह बनाने लगा। इन मुशायरों में हर तरह के लोग आते थे। ऐसे भी जो अदब को गम्भीरता से लेते थे और ऐसे भी जो मुशायरे को तफ़रीह का अवसर समझते थे। इसे उर्दू शायरी की विडम्बना ही कहा जायेगा कि मुशायरों को तफरीह का अवसर समझनेवालों की संख्या धीरे–धीरे इतनी बढ़ गयी कि शायर उनकी पसन्द और नापसन्द को ध्यान में रखकर ही कलाम सुनाने पर मजबूर हो गये। मुशायरे का हिट शायर होने के लिए सिर्फ़ शायरी करना भर काफ़ी नहीं रह गया। पढ़ने का अन्दाज़, अच्छी आवाज़, सुरीला तरन्नुम, अदायगी, और माहौल। यह सब मिल कर ही मुशायरे को हिट शायर देता है। जबकि अच्छी शायरी के लिए इनमें से किसी चीज़ की ज़रूरत नहीं होती। बस बात में दम होना चाहिए।

हालाँकि बहुत से शहरों में शायरी पर आधारित संस्थाओं का जन्म आज़ादी से बहुत पहले ही हो चुका था। ये संस्थाएँ मासिक या पाक्षिक रूप से या किसी ख़ास मौक़े पर नियमित मुशायरे आयोजित करती थीं। अक्सर दूसरे शहरों के शायर भी इनमें बुलाये जाते थे लेकिन इन मुशायरों में सिर्फ़ आमन्त्रित श्रोता ही हिस्सा लिया करते थे। इन संस्थाओं द्वारा आयोजित मुशायरों ने बरसों तक मुशायरे की पुरानी तहज़ीब को बचाये रखा।

समय के साथ–साथ ऐसे मुशायरे आयोजित करनेवाली संस्थाएँ दम तोड़ने लगीं। उर्दू शायरी में गहरी दिलचस्पी रखनेवाली नस्ल ख़त्म होती जा रही थी। आसान शब्दों में शायरी किये जाने का आग्रह बढ़ रहा था। समाज में संरक्षण का भी मसला उठ रहा था। नियमित रूप से मुशायरे आयोजित करनेवाली संस्थाओं की व्यक्तिगत रूप से समाज के लोग जब तक मदद करते रहे ये संस्थाएँ चलती रहीं और फिर धीरे–धीरे ख़त्म होने लगीं।

तेरी महफ़िल में ये आया कौन

मुशायरों में स्टार तो हमेशा शायर होता था लेकिन फिर फ़िल्मी हस्तियों और राजनेताओं के मुशायरे में पहुँचने से हालात बदलने लगे। फ़िल्में समाज पर और ख़ासकर नौजवानों पर गहरा असर डालती थीं। अपनी पिछली नस्ल के मुक़ाबले नौजवान पहले से अधिक बेफिक्र और आज़ाद रहने लगे थे। अदब और इ़ज़्ज़त के मूल्य बदलते जा रहे थे। ऐसे में मुशायरे में कोई फ़िल्मी हस्ती पहुँच जाये तो हलचल मच ही जाती थी। मजरूह, साहिर, शकील, राही मासूम रज़ा और नक्श लायलपुरी जैसे शायर गीतकार तो मुशायरों में कलाम पढ़ने के लिए बुलाये जाते थे लेकिन शायरी में गहरी दिलचस्पी रखनेवाले दिलीप कुमार और ख़ुद शायरी करनेवाले संगीतकार नौशाद और अभिनेत्री मीना कुमारी के अलावा भी कई फ़िल्मी हस्तियाँ मुशायरों में हिस्सा लेती थीं। लेकिन इन लोगों के मुशायरे में होने से सारा आकर्षण इन्हीं लोगों की ओर हो जाता था। और ज़ाहिर है उस्ताद शायरों के लिए यह स्थिति नागवार होती थी। फिर भी भीड़ जुटाने के लिए मुशायरा आयोजक फ़िल्मी हस्तियों को मुशायरों में बुलाने का हर सम्भव प्रयास करते थे।

यह घटना 1959–60 की है जब एक मुशायरे में फ़िराक़ पहुँचे तो उनका तालियों की गड़गड़ाहट के साथ स्वागत किया गया और मुशायरा शुरू होने के क़रीब एक घण्टे के बाद वहाँ ऐलान किया गया कि मौक़े पर अदाकारा मीना कुमारी पहुँच चुकी हैं। मुशायरे में शामिल लोग शायरों को मंच पर छोड़कर मीना कुमारी की झलक

पाने के लिए भागे। इससे नाराज़ फ़िराक़ मुशायरे से उठ खड़े हुए। आयोजक उन्हें मनाने की कोशिश में जुट गये। मीना कुमारी ने भी शर्मिन्दगी महसूस की और फ़िराक़ से बार–बार गुज़ारिश की कि वह रुकें। मीना कुमारी ने उनसे कहा जनाब मैं आपको सुनने के लिए आयी हूँ। फ़िराक़ ने इस पर तुरन्त जवाब दिया, मुशायरा मुजरा बन चुका है। मैं ऐसी महफ़िल से ताल्लुक नहीं रखता।

बाद में इस घटना पर टिप्पणी करते हुए फ़िराक़ ने कहा, मैं मीना कुमारी की वजह से वहाँ से नहीं हटा था। आयोजकों और दर्शकों के व्यवहार के कारण वहाँ से हटा, जिन्होंने हमारी बेइज़्ज़ती की थी। फ़िराक़ की दलील थी कि मुशायरा शायरी का मंच है। यहाँ के कलाकार सिर्फ़ शायर होते हैं और यहाँ की व्यवस्था में एक पदानुक्रम होता है जिसका पालन किया जाना चाहिए।

ख़ुमार बाराबंकवी, फ़िराक़ गोरखपुरी, राज इलाहाबादी, आनन्द नारायण मुल्ला, कुँवर महेन्द्र सिंह बेदी सहर, शकील बदायूँनी और साहिर जैसे बड़े नाम मुशायरों में उपस्थिति ज़रूर दर्ज करा रहे थे मगर समय तेज़ी से बदल रहा था। इन लोगों को अक्सर ऐसे शायरों के साथ स्टेज साझा करना पड़ता था जो दूसरों से कलाम लिखवाकर पढ़ा करते थे। लेकिन अच्छी आवाज़ और मुशायरा संचालकों से जोड़–तोड़ में माहिर होने की वजह से मुशायरों में छा रहे थे।

ग़ज़ल पढ़ना अदाकारी ना करना

अब ऐसे–ऐसे शायरों की भीड़ बढ़ती जा रही थी जिसकी पहचान मुशायरों के शायर के रूप में बनी। इनके साहित्यिक योगदान से किसी को कोई लेना–देना नहीं होता था। मुशायरों में वो कितने हिट रहते हैं इससे उनके क़द का अन्दाज़ लगाया जाता था। धीरे–धीरे मुशायरों के शायर साहित्यिक योगदान देनेवाले शायरों की शोहरत पर भारी पड़ गये। आज़ादी से पहलेवाली पीढ़ी के शायरों ने साहित्य और मुशायरों दोनों स्थानों पर लोकप्रियता हासिल की थी। अब मुशायरा पूरी तरह व्यावसायिक धन्धा बन गया। यहाँ कमाई और शोहरत के शानदार अवसर थे लेकिन शर्त थी हिट होना।

इसी दशक में स्टेज पर शायराओं की संख्या बढ़ने लगी। आज़ादी के बाद दो दशकों तक मुशायरे की परम्पराओं और अदबी महफ़िलों के तौर तरीक़ों से वाक़िफ़ श्रोताओं की ख़ासी संख्या थी जो अब घटने लगी। तब महिला शायर एक ख़ास गरिमा के साथ मुशायरों में शामिल होती थीं। पुरुष और महिला कव्वाल के बीच होनेवाले मुक़ाबलों के लिए जो बनाव सिंगार महिला कव्वाल करती थीं वैसा ही कुछ मुशायरे के स्टेज पर भी नज़र आने लगा। वह समय सामाजिक और राजनीतिक मूल्यों में भारी गिरावट का दौर था जिसका असर समाज की हर संस्था पर दिखायी देने लगा था। ज़ाहिर है मुशायरे इससे कैसे बच सकते थे।

मुशायरों में हर तरह के लोगों की शिरकत के साथ ही इसके स्वरूप में बदलाव आने लगा। मुशायरा पॉपुलर कल्चर का हिस्सा बन

चुका था। इसमें साहित्यिक रुचि रखनेवालों के साथ ही इसे तफ़रीह और मनोरंजन का ज़रिया समझनेवाले पहुँचने लगे। शेर सुनने के तौर तरीक़ों में तेज़ी से बदलाव आने लगा। पॉपुलर कल्चर के अपने दबाव और शर्तें होती हैं जो मुशायरों पर भी लागू होने लगीं। साहित्यिक–सामूहिक सभाओं के क़ानून टूटने लगे। अब मुशायरों को अदब से सुनना ज़रूरी नहीं रह गया। शोरशराबे और हुल्लड़बाज़ी मुशायरों की पहचान बनने लगी। ऐसे माहौल में कैसा भी मजमा हो उसे बस में करने का हुनर भी शायरों को सीखना पड़ा। शोर और हूटिंग के बीच अपना कलाम सुनाने का फ़न ईजाद करना पड़ा। जिन बातों को महफ़िल में बेअदबी समझा जाता था उसे बर्दाश्त करने का हौसला पैदा करना पड़ा।

ऐसे कई उदाहरण हैं जब बड़े शायरों की मौजूदगी में ही श्रोताओं की बेहूदगी की वजह से मुशायरा उखड़ गया। कभी संचालकों की समझदारी तो कभी दूसरे शायरों की कोशिश से व्यवस्था बनी रही तो कभी तोड़–फोड़ तक हो गयी। 1973 में लखनऊ के क़ैसरबाग में अखिल भारतीय मुशायरे का आयोजन हुआ इसमें तमाम नामी शायरों के अलावा अदाकारा और के. आसिफ़ की पत्नी निगार सुल्ताना और उनकी बेटी अदाकारा हिना कौसर ने भी शिरक़त की। फ़िल्मी हस्ती को क़रीब से देखने की होड़ में मुशायरे में ऐसा हंगामा हुआ कि शायरों को भागना पड़ा।

इसी तरह अस्सी के दशक में मुशायरे की एक बड़ी महफ़िल इलाहाबाद विश्वविद्यालय में आयोजित हुई। यह फ़िराक़ गोरखपुरी की याद में होनेवाला बहुत बड़ा मुशायरा था। महफ़िल की अध्यक्षता कर रहे थे बुज़ुर्ग शायर वामिक़ जौनपुरी। संचालन की ज़िम्मेदारी अनवर जलालपुरी के हाथ में थी। मुशायरा आरम्भ हुआ। क़रीब तीन शायर अपना कलाम सुनाकर जा चुके थे। फिर एक ख़ूबसूरत शायरा तस्नीम सिद्दीक़ी अपनी ग़ज़ल सुनाने आयी। ग़ज़ल के मक़ते पर श्रोताओं ने उन्हें इस तरह हूट करना शुरू कर दिया कि अफ़रातफ़री का माहौल बन गया। ग़ज़ल का मक़ता था :

देखें किसको मिलती है मंज़िले वफ़ा तस्नीम,
इक तरफ़ मुहब्बत है इक तरफ़ ज़माना है।

तस्नीम ने जैसे ही पहली पंक्ति का आधा हिस्सा पढ़ा 'देखें किसको मिलती है' कि अचानक एक नौजवान श्रोता ने आवाज़ लगा दी–हमको मिलेगी, हमको मिलेगी बस फिर क्या था, हर ओर से यही आवाज़ उठने लगी, हमको मिलेगी हमको मिलेगी। ज़ाहिर है इस हरकत पर कोई भी नाराज़ हो जायेगा। तस्नीम सिद्दीक़ी भी नाराज़ हो गयीं। अनवर साहब जो मुशायरे का संचालन कर रहे थे, उन्होंने उखड़ रही महफ़िल पर क़ाबू पाने के लिए नवयुवकों के प्रिय शायर राहत इन्दौरी को माइक पर बुला लिया। राहत इस तरह की महफ़िलों को समझने और सँभालने में माहिर हैं। उन्होंने तुरन्त एक ग़ज़ल के दो शेर श्रोताओं और तस्नीम सिद्दीक़ी की नज़र किये :

फ़ैसले लम्हात के नस्लों पे भारी हो गये,
बाप हाकिम थे मगर बेटे भिखारी हो गये।

इस शेर पर हर ओर सन्नाटा छा गया। अब मुशायरा राहत के हाथ में था। उन्होंने इस ग़ज़ल का दूसरा शेर अपने ख़ास अन्दाज़ में सुनाया :

देवियाँ पहुँची थीं अपने बाल बिखराये हुए,
देवता मन्दिर से निकले और पुजारी हो गये।

इसके बाद मुशायरा सुकून से चलता रहा। लेकिन ये एक बानगी भर है कि किस तरह श्रोताओं का स्तर गिरता चला गया।

मुशायरों के श्रोताओं की पसन्द–नापसन्द को ध्यान में रखकर शायरी का कारोबार चलानेवाले काफ़ी समय तक मुशायरों की दुनिया में अपना अस्तित्व बनाये रखने में कामियाब रहे। फिर ये भी हुआ कि मुशायरों में आश्चर्यजनक लोकप्रियता हासिल करनेवाले अधिकांश बेहतरीन शायर उस शोहरत को सँभाल नहीं पाये। इसके पीछे सबसे अहम वजह रही शराब का शौक़।

उधर शायरों की शर्तों का पालन करना मुशायरा संयोजकों की मजबूरी बन गया। लोकप्रिय शायरों को मुशायरों में बुला लेना

मुशायरा संयोजकों की उपलब्धि मानी जाती है। यह उपलब्धि हासिल करने के लिए स्टार का दर्जा हासिल कर चुके शायरों की बेज़ा बातों को भी बरदाश्त करना ज़रूरी हो गया। फ़िराक़ गोरखपुरी की अक्सर शर्त रहती थी कि पुरानी शराब से उनकी मेहमाननवाज़ी की जाये।

वैसे भी जिस तरह चाय के दौर चलते हैं मुशायरा आयोजकों के लिए मुशायरा शुरू होने से पहले आमन्त्रित शायरों के लिए शराब के दौर चलवाना अनिवार्य हो गया। नशे में धुत होकर कलाम सुनाने में शायरों को कोई झिझक नहीं रह गयी। अधिकांश शायरों ने शायरी और शराब को एक–दूसरे का पूरक बना दिया। नशे में दूसरों का सहारा लेकर मुशायरों के स्टेज से उतरना आम बात हो गयी। यही नहीं अपने शागिर्दों को साहित्यिक जगत में स्थापित करने के लिए कई शायर मुशायरों में अपने शागिर्दों को भी पढ़वाने की शर्त रखने लगे।

शकील बदायूँनी जिस मुशायरे में जाते थे वहाँ अपने प्रशंसकों और शागिर्दों का पूरा समूह अपने साथ ले जाते थे। इन सभी का ख़र्च मुशायरा आयोजकों के जिम्मे होता था। इस हिसाब से अपने समय के वो काफ़ी महँगे शायर थे। लेकिन उनकी बेपनाह लोकप्रियता का एहसास सबको था। उनकी उपस्थिति उस शहर के लिए एक साहित्यिक घटना के समान होती थी। इसलिए उनकी हर अदा सिर आँखों पर थी।

1980 के आसपास मुशायरों के स्टेज पर कारोबारी शायरों की संख्या बढ़ने लगी। उस समय की सामाजिक परिस्थितियों का आकलन करें तो पायेंगे कि कई ऐसे कारण रहे जिनसे समाज में असन्तोष फैल रहा था। बढ़ती बेरोज़गारी, पंजाब में आतंकवाद और देश के कई हिस्सों में बढ़ता साम्प्रदायिक तनाव तो मुख्य घटनाएँ थीं ही साथ ही धार्मिक मुद्दों पर असहिष्णुता और राजनीति भी स्थितियाँ ख़राब कर रही थी। तलाक के बाद मुस्लिम महिलाओं को गुज़ारे भत्ते के सवाल पर शाहबानो केस एक नज़ीर की तरह सामने आया। इस समय मुशायरों के सर्वाधिक लोकप्रिय शायरों में से एक बशीर बद्र ने

शाहबानो के पक्ष में बयान दे दिया। फिर क्या था मुशायरों में उनका बायकाट शुरू हो गया।

बावजूद इसके कि बशीर बद्र नौजवानों के पसन्दीदा शायर थे फिर भी मुशायरा आयोजक उन्हें मुशायरे का निमन्त्रण देकर किसी तरह का ख़तरा नहीं उठाना चाहता था और अचानक ही बशीर बद्र मुशायरों की दुनिया से बाहर कर दिये गये। आज़ादी के समय उर्दू की जानकार पीढ़ी तब तक ख़त्म होना शुरू हो गयी थी। उर्दू शायरी का स्तर पहले जैसा नहीं रह गया था। मुशायरों में पहुँचनेवाले श्रोताओं के लिए अब मुशायरा साहित्यिक घटना से अधिक मनोरंजन का अवसर बनने लगी थी। उस्ताद शायरों की बड़ी जमात तेज़ी से ख़त्म हो रही थी या फिर बुढ़ापे के चलते मुशायरों में हिस्सा लेना सम्भव नहीं रह गया था।

लेकिन मुशायरों की संख्या पहले से अधिक बढ़ रही थी। अब माँग और आपूर्ति का नियम मुशायरों पर भी लागू हो चुका था। मुशायरों की बढ़ती संख्या के मद्देनज़र शायरों की संख्या बढ़ी। हालाँकि स्कूल स्तर पर उर्दू की शिक्षा आज़ादी के बाद तेज़ी से कम हो रही थी। अब मुशायरा एक शानदार कारोबार बन चुका था। इसमें शोहरत और दौलत दोनों थी। दूसरों से ग़ज़लें लिखवाकर पढ़नेवाले बिना झिझक शायर का तमगा लगाये घूमने लगे। ऐसे कथित शायर चार–पाँच ग़ज़लें लिखवाकर उनके दम पर मुशायरे पढ़ते और पारिश्रमिक लेकर अगले मुशायरे की राह पकड़ लेते। मुशायरे में पढ़ी जानेवाली ग़ज़लों के स्तर में इतनी गिरावट आने लगी कि उर्दू साहित्य के अच्छे जानकारों ने मुशायरों से किनारा करना शुरू कर दिया।

कारोबारी शायरों के बीच गुटबाज़ियाँ भी होने लगीं। एक गुट के शायर किसी शहर में तो दूसरे गुट के शायर किसी दूसरे शहर में अधिक बुलाये जाने लगे। इन शायरों की कोई साहित्यिक हैसियत बन ही नहीं सकती थी लेकिन अच्छी आवाज़ और सुरीले तरन्नुम के दम पर उनका कारोबार चलने लगा। लेकिन अधिक समय तक

मुशायरों में टिके रहना आसान नहीं होता। इसलिए मुशायरों में तेज़ी से उभरनेवाले कारोबारी शायर जल्द ही स्टेज की दुनिया से बाहर हो जाते और उनकी जगह नये कारोबारी ले लेते।

मुशायरा संचालकों को श्रोताओं की नब्ज़ का पता रहता है वे मुशायरे में खुमार बाराबंकवी, वसीम बरेलवी, शहरयार, राज इलाहाबादी, मेराज फ़ैज़ाबादी, शमीम जयपुरी, सागर ख़य्यामी, राहत इन्दौरी और निदा फ़ाज़ली जैसे दिग्गज शायरों को बुलाकर साथ में कारोबारी शायरों को मुशायरों में स्थापित कर देते। संचालक ऐसे शायरों से सौदा करने लगे। मुशायरे में जितना पारिश्रमिक इनके नाम काग़ज़ पर दर्ज होता उसका आधा संचालक ले लेते थे। इस व्यवस्था में भी कथित शायरों को नुक़सान नहीं होता। वो चार–पाँच ग़ज़लें लिखवाने में जितना ख़र्च करते उसकी वसूली दो से तीन मुशायरों में हो जाती। आगे के जो मुशायरे मिले वो फ़ायदे के खाते में दर्ज हो जाते हैं। यह तरीक़ा मुशायरों में अब तक चल रहा है।

मुशायरों में ही नहीं बल्कि उर्दू श्रोताओं और पाठकों के स्तर में भी आज़ादी के दो दशकों के बाद भारी गिरावट आना शुरू हो गयी थी। इसका मुख्य कारण ये था कि आज़ादी के बाद उर्दू पढ़ने के अवसर लगातार सिकुड़ते गये। मदरसों में जहाँ धार्मिक पढ़ाई उर्दू में होती थी इसके अलावा स्कूलों से धीरे–धीरे उर्दू ख़त्म होने लगी। इस्लामिया स्कूल या फिर दूसरी मुस्लिम संस्थाओं द्वारा चलाये जानेवाले कुछ स्कूलों को छोड़ उर्दू पढ़ने के मौक़े ख़त्म कर दिये गये। जब भाषा के जानकारों की नयी नस्ल उभरना ही ठिठक गयी तो फिर आगे क्या कहा जा सकता है।

हज़ार बातें हैं दिल में अभी बताने को

शायर समाज की समस्याओं और राजनीतिक विसंगतियों को मुशायरों में पेश करते रहे हैं। मगर मुशायरों के चरित्र में बदलाव नहीं आया। इस बदलाव को पहली बार महसूस किया गया शाहबानो केस में। मुम्बई की रहनेवाली शाहबानो को उनके पति ने तलाक दे दिया था। मामला कई अदालतों से होता हुआ सुप्रीम कोर्ट पहुँचा तो कोर्ट ने शाहबानो के पक्ष में फ़ैसला दिया और उसके पति को आदेश दिया कि शाहबानो को गुज़ारा भत्ता दिया जाये। मुस्लिम धर्म गुरुओं ने इसे शरियत में दखल मानते हुए विरोध जताना शुरू कर दिया। मामले ने इतना तूल पकड़ा कि संसद को दखल देना पड़ा। पूरे देश में प्रदर्शन आदि हुए। इस माहौल में मुशायरों में भी उत्तेजना का माहौल बना।

शाहबानो मामले के बाद मुशायरों में मुस्लिम समस्याओं को लेकर शायरी करना फ़ैशन बन गया। इसके अलावा राजनीतिज्ञों पर व्यंग करना मुशायरे की शायरी का मुख्य अंग बनने लगा। कुछ बचे हुए वरिष्ठ शायर इश्क़ और मोहब्बत की ग़ज़लें ज़रूर सुनाते थे लेकिन अधिकांश युवा शायर समसामयिक विषयों को ही उठाते रहे। फिर रामजन्म भूमि आन्दोलन के दौर में कवि–सम्मेलनों में कथित राष्ट्रवाद और हिन्दू अस्मिता मुख्य स्वर बनने लगे तो मुशायरों में इसकी जवाबी कार्रवाई शुरू हो गयी। अब मुस्लिम समस्याओं के साथ–साथ साम्प्रदायिक भावनाएँ भी मुशायरे की शायरी का हिस्सा बनने लगीं। उर्दू की संस्थागत शिक्षा के केन्द्र केवल मदरसे ही रह गये थे और मुशायरों में मदरसे के छात्र भी बड़ी संख्या में आने लगे थे।

श्रोताओं के इस बड़े वर्ग को भी शायर ध्यान में रखने लगे। वे मजहबी प्रतीकों का इस्तेमाल कर इस वर्ग को साधने में लग गये।

उर्दू के जन्म के बाद से उर्दू शायरी में ऐसा पहले कभी नहीं हुआ था। नतीजा ये हुआ कि गैर–मुस्लिम और बहुत–से मुसलमानों ने भी मुशायरों से किनारा करना शुरू कर दिया। संजीदा शायरों ने तो पहले ही मुशायरों में हिस्सा लेना कम कर दिया था। इसका नुक़सान ये हुआ कि अब लगभग एक सा मिज़ाज रखनेवाले श्रोता ही मुशायरों में रहते थे। उनकी पसन्द और नापसन्द ही सर्वोपरि मानी जाने लगी है।

समय के साथ–साथ मुशायरों में स्थितियाँ बिगड़ती गयी। मुशायरों के वरिष्ठ लोकप्रिय शायर कम होने लगे। कैफ़ भोपाली, खुमार, शमीम जयपुरी, राज इलाहाबादी, वाली आसी, मौज रामपुरी और नजीर बनारसी जैसे शायरों ने दुनिया से विदा ले ली। सागर ख़य्यामी, आदिल लखनवी, मलिकज़ादा मंजूर अहमद, जुबैर रिजवी, बेकल उत्साही जैसे मुशायरों की शान समझे जानेवाले कई शायर भी नहीं रहे। एक पूरी पीढ़ी ख़त्म हो गयी। ऐसी पीढ़ी जिसकी साहित्यिक विरासत को सँभालनेवाले इक्का–दुक्का रह गये हैं। जो दो–चार वरिष्ठ शायर बचे हुए हैं उनकी गतिविधियाँ बढ़ती उम्र की वजह से कम हो गयी हैं। ऐसे में मुशायरों के स्टेज पर अब उनका क़ब्ज़ा बढ़ रहा है जो शायरी को पूरी तरह धन्धा मान कर चलते हैं।

बहरहाल हर साल कुछ मशहूर मुशायरे नियमित रूप से हो रहे हें। दिल्ली में डीसीएम का मुशायरा, मुशायरा जश्ने बहार, लाल क़िले का मुशायरा, उर्दू एकेडमी का मुशायरा।

अच्छी–सच्ची शायरी के दर्शन अब मुशायरों में कम ही होते हैं। शेर हो या कविता हो, उसे सुनकर समझने के लिए थोड़े समय की ज़रूरत होती है, और स्टेज से पढ़ी जानेवाली ग़ज़ल के लिए श्रोताओं के पास इतना समय नहीं होता। वे फास्ट फूड की तरह शीघ्र स्वाद की आदत के शिकार हैं। मुशायरों की ऐसी हालत हर जगह नज़र आती है। शायरी कम सुनाई जाती है, हाव–भाव या गलेबाज़ी ज़्यादा

दिखाई जाती है। सस्ती लोकप्रियता हासिल करने के लिए कुछ भी सुनाया जा रहा है। सुननेवालों के लिए भी मुशायरे वह स्थान रह गये हैं जहाँ यार दोस्तों के साथ हँसी–मज़ाक़ में वक़्त गुज़ारा जा सके। मीर तक़ी मीर ने अपने ज़माने के मुशायरों के लिए एक शेर कहा था जो मुशायरों के मौजूदा हालात पर सबसे ईमानदार टिप्पणी है :

क्या रहा है मुशायरों में अब
लोग कुछ जमा आन होते हैं

ख़्याल सबके हैं अपने ज़बान अपनी है

(मुशायरों को लेकर कुछ शायरों ने अपनी बात इस तरह कही है)

खुमार बाराबंकवी

वक़्त के साथ मुशायरों की शक्ल भी बदल गयी है। मुशायरों की शुरुआत गिनेचुने उस्तादों और जानकारों की मौजूदगी से हुई फिर बाद में वे अवाम से जुड़ गये। यक़ीनन अब मुशायरों का स्तर पहले जैसा नहीं रहा। पहले मुशायरों में जाकर उम्र बढ़ती थी अब उम्र घटती मालूम होती है। ज़िन्दगी के हर पहलू में आती जा रही गिरावट का असर शायरी और मुशायरों पर भी पड़ा है।

कई मरतबा जब शायर घटिया शेर उन्हें नज़र करने का साहस करता है तो उन्हें ऐसा महसूस होता है मानो आँखें तरेरकर ज़बर्दस्ती दाद माँगी जा रही है। लेकिन अब ऐसे दिन भी आ गये हैं कि मजबूरन यह सब सहन करना पड़ता है। चूँकि मेरे सिर पर चार–चार परिवारों की ज़िम्मेदारी उठाने का बोझ है इस वजह से न चाहते हुए भी बढ़ती उम्र में भी मुशायरों में इधर–उधर भागे–भागे फिरना पड़ता है।

अपने वक़्त में मेरी पीढ़ी के शायरों ने अपने उस्तादों से बहुत कुछ हासिल किया। बड़ी मेहनत की शायरी का व्याकरण सीखने में लेकिन नयी नस्ल को इसकी फ़िक्र नहीं है। मीटर से उतरे हुए इतने शेर सुनने को मिलते हैं मुशायरों में कि उर्दू शायरी के भविष्य पर रोना आता है मगर क्या कीजिए। वक़्त जो ना दिखाये वो कम है।

अख़्तरुल ईमान

मुशायरे की सूरते हाल के बारे में कहने से पहले मैं यह कहना चाहूँगा कि गिरावट तो जीवन के हर क्षेत्र में आ रही है। इस गिरावट को बदलाव का नाम भी दिया जाता है कि हर दौर में बदलाव होते रहते हैं तो इस दौर बदलाव क्यों नहीं आये। मुझे इस बात का गहरा एहसास होने लगा है कि जिस स्तर का इन्सान पहले पैदा होता था अब नहीं होता। सुसंस्कृत, सन्तुलित प्रकृतिवाला, उच्च विचारोंवाला, कुछ उसूलों को माननेवाला, जियो और जीने दो पर विश्वास रखनेवाले इन्सान अब कम हो गये हैं। संस्कृति का मामला इन्सान के अन्दर की ख़ूबसूरती से होता है और शायरी भी उसी ख़ूबसूरती का हिस्सा है।

मेरे देखते–देखते मुशायरों का रंग–ढंग ही नहीं बदला उसकी प्रकृति भी बदल गयी। मुशायरों में हर विषय पर नज़्मों के ज़रिये शायर अपने ख़यालात रखते थे लेकिन धीरे–धीरे सतही शायरी उभरने लगी। मुशायरों का चरित्र ऐसा बन गया है कि जो बात कही जाये फ़ौरन समझ में आ जाये। अगर वो बात फ़ौरन समझ में नहीं आयी तो उस पर दाद नहीं मिलेगी। मुशायरों में कामियाबी और नाकामी दाद पर निर्भर करने लगी है। नज़्म लिखनेवाले बहुत–से शायर मुशायरों से दूर हो गये क्योंकि भले ही नज़्म छोटी–सी क्यों ना हो जब तक पूरी ख़त्म नहीं हो जाती पूरी तरह समझ में नहीं आयेगी। जबकि ग़ज़ल का एक ही शेर काफ़ी होता है।

शायरी को फ़ौरन समझ में आने के लिए एक साथ कई बातों का ध्यान रखना पड़ता है। पहला तो यह कि सुननेवाले की काव्य रुचि मँजी हुई हो, दूसरा सुननेवाले का मानसिक और शैक्षिक स्तर मुशायरे में कलाम सुनानेवाले शायर के मानसिक और शैक्षिक स्तर के आसपास होना चाहिए। यह सारी शर्तें एक साथ हर बार पूरी नहीं की जा सकतीं। इसलिए शायरों ने श्रोताओं की पसन्द–नापसन्द को ध्यान में रखकर कलाम सुनना शुरू कर दिया। इससे एक बड़ा

नुक़सान यह हुआ कि ग़ज़ल के अलावा शायरी की दूसरी विधाओं से श्रोता कट से गये हैं। अब नज़्म, आज़ाद नज़्म वग़ैरा किताबों में छपनेवाली शायरी रह गयी है।

मुशायरों में कंटेंट के नाम पर कुछ नहीं निकल रहा। नये प्रयोग नज़र नहीं आते, नये मुहावरे नहीं सुनायी देते, नयी धारणाओं और प्रवृत्तियों का कोई निशान नहीं है। लोगों में पढ़ने के प्रति रुचि कम–से–कम होती जा रही है इसलिए वे ख़ुद को कथित आसान शायरी के दायरे में सहज महसूस करते हैं जो उन्हें मुशायरों में सुनने को मिल जाती है। इस शायरी का मक़सद सिर्फ़ महफ़िल गरमाना रह गया है। उर्दू के शैक्षिक स्तर में कमी आने से अब ग़ज़ल में वो बातें भी लोगों के समझ में नहीं आतीं जो कुछ दशकों पहले तक लोग समझ लेते थे। मुशायरों की भाषा सपाट हो गयी है। कोई गहरी बात कहो तो शायर हूट कर दिया जाता है। फ़िल्मों की तरह हिट और फ्लाप का फार्मूला मुशायरों में भी लागू हो गया है। इस तरह साहित्य की एक बेहद अहम और मज़बूत संस्था अब कुछ लोगों के मन बहलाव या आर्थिक हित साधने का ज़रिया बनकर रह गयी है। मुशायरे दरअसल मुजरों और गीत–नृत्य की महफ़िलों का विकल्प बन गये हैं।

सागर ख़य्यामी

पहले ज़्यादातर तरही मुशायरे होते थे। ये मुशायरे लोकल स्तर पर होते थे। इसमें अक्सर दूसरे शहरों के शायर इस आधार पर शामिल होते थे कि वो किसी काम से या रिश्तेदारी में उस शहर में आये हुए होते तो उन्हें मुशायरों में आमन्त्रित कर लिया जाता था। ऑल इंडिया मुशायरों का ज़्यादा चलन रेडियो के प्रसार के साथ शुरू हुआ इसमें किसी एक रेडियो स्टेशन पर उस समय के मशहूर शायर बुलाये जाते थे। जहाँ वो अपना कलाम सुनाते थे। जिसे बाद में प्रसारित किया जाता था। सुननेवालों के लिए ये बहुत ख़ुशी की बात होती थी कि वो अलग–अलग शहरों के मशहूर **शायरों** को सुन

सकते थे। फिर प्रगतिशील आन्दोलन के उभरने के बाद शहरों में ऑल इंडिया मुशायरों का चलन तेज़ी से बढ़ा। पहले शायरों को मुशायरों में मेहनताना नहीं मिलता था। रेडियो से प्रसारित होनेवाले मुशायरों से शायरों को मेहनताना मिलना शुरू हुआ लेकिन ऑल इंडिया मुशायरों में शायरों के पारिश्रमिक की शुरुआत का श्रेय जिगर मुरादाबादी को जाता है। वे एक मुशायरे में सस्ते ज़माने में 50 रुपये का पारिश्रमिक लेते थे।

मुशायरों में जब तरन्नुम से पढ़ने को अहमियत दी जाने लगी तो कई शायर अपना कलाम असरदार आवाज़ वाले लोगों से भी पढ़वाने लगे। यूपी में डीआईजी सदरुल इस्लाम और कुछ ज़मींदारों का कलाम दूसरे लोग पढ़कर सुनाते थे।

पहले मुशायरे भाषा सीखने की पाठशाला भी होते थे। शब्दों के ग़लत इस्तेमाल या ग़लत उच्चारण के बारे में लोग अपने घरों के अलावा इसी संस्था से सीखते थे। मुझे ये कहने में कोई झिझक नहीं है कि हास्य–व्यंग के नाम पर मुशायरों में फूहड़ता, अश्लीलता की सीमा तक पहुँच गयी है। हँसाने के लिए चुटकलों की लाइनें खींचतान कर उन्हें शायरी की शक्ल दी जाने लगी है। हालाँकि हास्य–व्यंग में शायरी करना ख़ासा मुश्किल काम है लेकिन अब हर चीज़ आसानी से चाहिए भले ही वो शायरी क्यों ना हो। मुश्किल पसन्दी के लिए अध्ययन और उस्ताद शायरों का ढेरों कलाम सुनना या पढ़ना ज़रूरी है तभी आपकी शायरी में गहराई पैदा होती है। लेकिन उर्दू का दायरा सिकुड़ता जा रहा है ऐसे में शायरी और मुशायरों पर भी असर पड़ना स्वाभाविक है।

वसीम बरेलवी

मेरा मानना है कि आज़ादी के बाद उर्दू की ख़िदमत में मुशायरों का बहुत बड़ा योगदान रहा है। विदेशों में मुशायरों का चलन 80 के दशक में बढ़ा। शुरुआत खाड़ी के देशों से हुई। इस दशक में खाड़ी देशों में रोज़गार के अवसर बढ़े। वहाँ पहुँचे हिन्दुस्तान और पाकिस्तान के

लोग मुशायरों का आयोजन कर अपनी जड़ों और तहज़ीब से जुड़े रहने का एहसास करते थे। धीरे–धीरे अमेरिका और यूरोप यहाँ तक की ऑस्ट्रेलिया में भी मुशायरे होने लगे। यहाँ मुशायरों का आयोजन शनिवार की रात में हुआ करता था। मुशायरों की सूचना लोगों तक एक महीना पहले दे दी जाती थी। इन्हीं मुशायरों की वजह से उन देशों में उर्दू सेंटर वुजूद में आये। उर्दू भाषी प्रवासी अपनी अगली नस्लों को अपनी तहज़ीब सिखाने और उससे जोड़े रहने के लिए इन सेंटरों पर बच्चों को आज भी भेजते हैं। इन सेंटरों पर उर्दू शायरी से सम्बन्धित प्रतियोगिताएँ भी आयोजित की जाती हैं।

निदा फ़ाज़ली

मेरी बात बहुत लोगों को नागवार लगेगी लेकिन सच तो यही है कि अब मुशायरे साम्प्रदायिक रंग में रँगने लगे हैं। जिस उर्दू भाषा का मिज़ाज ही दोस्ती का था, हिन्दुओं और सिखों ने भी बड़ी संख्या में उर्दू शायर पैदा किये उसी भाषा के मुशायरों में अब साम्प्रदायिक स्वर उठने लगे हैं। हालाँकि कवि–सम्मेलनों ने मुशायरों से पहले ही साम्प्रदायिक रंग इख़्तियार कर लिया था लेकिन यह कोई तर्क नहीं है कि दूसरा बुरा कह रहा है इसलिए हम भी बुरी बात कहने पर मजबूर हैं।

उर्दू तो मिलीजुली तहज़ीब की भाषा रही है। उर्दू शायरी ने अपने जन्म के बाद बहुत कम समय में ही विश्वस्तरीय रचनाएँ दीं इसलिए उर्दू के मुशायरों का हाल देखकर बेहद तकलीफ़ होती है। मुशायरों ने समाज को ही नहीं शायरों को भी बहुत कुछ दिया लेकिन इस मुशायरे की क़ब्र में हम शायरों ने भी कम कीलें नहीं ठोंकी हैं। मुशायरों में बुलाये जाने के लिए शायर जिस स्तर तक गिरे हैं उसका उल्लेख भी करना ठीक नहीं है।

शायर शेर सुनाकर जिस तरह की दाद की उम्मीद करता है उसे अगर वो नहीं मिलती है तो सीधे श्रोताओं की समझ पर व्यंग कसता हुआ फिर से शेर सुनाता है। वो जिस तरह की दाद चाहता है

उसे हर हाल में मिलना ही चाहिए। ये बिल्कुल ऐसे ही है कि किसी की कनपटी पर पिस्तौल रखकर उससे जबरन तारीफ़ करने को कहा जाये। हालाँकि शेर अच्छा हो तो ख़ुद–ब–ख़ुद तारीफ़ होती ही है। यही शायर जो शेर सुनाते वक़्त स्टेज के सारे शायरों से उसके कलाम पर ग़ौर करने की अपील करता है जब ख़ुद स्टेज पर बैठा हुआ होता है तो दूसरे शायरों के साथ बातचीत में व्यस्त रहता है भले ही स्टेज पर कितना भी वरिष्ठ शायर कलाम सुना रहा हो।

शहरयार

ग़ज़ल पढ़ना यानी उसकी अदायगी भी एक फन बन गयी। मुशायरे बदले रहे हैं क्योंकि वो अवाम और अदब के रिश्तों की मिसाल होते हैं। जैसी अवाम वैसा अदब। शहरों के ख़ाली वक़्त के शिष्ट मनोरंजन का स्वरूप होते थे मुशायरे। कौन शायर क्यों छा गया। किसने मुशायरा लूट लिया, इन सब बातों का मुशायरे के आयोजक और शायर ख़ास ख़याल रखते हैं। हर हिट शायर के पास दो–चार सदाबहार हिट ग़ज़लें होती हैं। अवाम को खींचने के टोटके जिसको जितनी मज़बूती से याद होते हैं वो उतनी देर तक मुशयारों की दुनिया में ज़िन्दा रहता है। समाज में तफ़रीह के बहुत से माध्यमों में मुशायरे को भी शामिल कर लिया गया है।

मनोरंजन के दूसरे माध्यमों के मुक़ाबले यह कुछ साहित्यिक और गम्भीर ज़रूर होता है। हालाँकि अब गम्भीरता तेज़ी से ख़त्म हो रही है। सुननेवाले और शायर दोनों गम्भीर नहीं रह गये मुशायरों को लेकर। जब मुशायरा मनोरंजन का साधन बना तो इससे कारोबारी पहलू भी जुड़ गया। मुशायरे अब कारोबार बन गये हैं। इनकी संख्या बहुत बढ़ गयी है। एक–एक दिन में चार और पाँच तक बड़े मुशायरे हो जाते हैं। साथ ही मुशायरों में अब शायरों को पैसा बहुत मिलने लगा है। इससे राजनीतिक और आर्थिक हित साधे जाने लगे हैं। सामाजिक रूतबा बढ़ाने की इच्छा रखनेवाले धनी लोग काफ़ी पैसा देकर मुशायरों का अध्यक्ष पद ख़रीदने लगे हैं। लेकिन साथ ही

मुशायरों की शायरी बहुत सतही हो गयी है। शायद यह सुननेवालों के स्तर की वजह से हो रहा है। क्योंकि ऐसा नहीं है कि स्तरीय शायरी होना बन्द हो गयी या मुशायरों में पढ़नेवाले शायर स्तरीय शायरी नहीं करते लेकिन पब्लिक की पसन्द की शायरी ने मुशायरों की सूरत ही बदल दी है। ज़ाहिर सी बात है जो मनोरंजन का साधन है तो उसकी पहली शर्त लोगों का मनोरंजन करना होता है। मुशायरों के शायर फ़िल्मों की तरह हिट और फ्लाप की श्रेणी में देखे जाते हैं।

दरअसल पहले शायरी हमारी तहज़ीब का हिस्सा थी। हर शख़्स शेर पढ़ता और समझता था। शेर याद रखना एक शौक़ हुआ करता था। जैसे–जैसे पश्चिमी रूझान बढ़ा वैसे–वैसे आम आदमी की दिलचस्पियाँ भी बदलीं। पाश्चात्य रुझान का आग्रह होता है कि वह काम किया जाये जिसमें फ़ायदा हो। फ़ायदा मेटेरियलिस्टिक चीज़ होती है। यानी शेर कहने या याद रखने से हमारा कितना फ़ायदा है। अगर फ़ायदा है तो ठीक है वरना छोड़ दो। शायरी में मक़सदियात का पहलू उभारा गया। यह काम केवल हमारे यहाँ नहीं हुआ पश्चिम में भी शायरी को मक़सदियात के साथ जोड़ा गया। यानी शायरी मक़सद के लिए हो। लेकिन पहले शायरी में मक़सद दूसरे होते थे, जैसे ये देखा जाता था कि शायरी किस अन्दाज में की जा रही है, उसका लबोलहजा क्या है। यह प्रमुख हुआ करता था कि बयान किस तरह पेश किया गया। रदीफ़ क़ाफ़िये का इस्तेमाल कैसे किया गया है। नये विषयों को कहने में किस हद तक कामयाब रहा शायर। इसके अलावा शायर के लिए शायरी के हर पहलू पर क़लम आजमाना ज़रूरी होता था। यानी मर्सिया, क़सीदा, ग़ज़ल, नज़्म सब कुछ कहना होता था। फिर यह देखा जाता था कि कौन शायरी के किस फन में माहिर है। शायरी से शायर को कितना धन या जायदाद मिलेगी यह तो हमारे पुराने समाज में कभी सोचा ही नहीं जाता था।

लेकिन अब पहले यह सोचा जाता है कि शायर जो लिख रहा है उससे फ़ायदा कितना होगा। पूरी दुनिया की किसी भी ज़बान में

शायरी यह सोच कर की ही नहीं गयी कि इससे कितना और क्या फ़ायदा होगा। शायरी तो अभिव्यक्ति का मामला है।

कुँवर महेन्द्र सिंह बेदी सहर

मुशायरे आयोजित करनेवालों की तीन क़िस्में होती हैं। एक तो वो जो वास्तव में मुशायरों के ज़रिये साहित्य और साहित्यकारों की सेवा में लगे रहते हैं। दूसरी क़िस्म उनकी है जो महज़ वाहवाही कराने और अपने बारे में यह राय क़ायम कराने के लिए कि ये नगरवासियों के लिए तफ़रीह का आयोजन करना ज़रूरी समझते हैं मुशायरे आयोजित करते हैं। तीसरी क़िस्म उन नाकाम शायरों या साहित्यकारों की होती है जो किसी असरदार व्यक्ति को फाँस कर मुशायरा कमेटी के अध्यक्ष या संयोजक बन जाते हैं और शायरों से पत्र–व्यवहार कर सम्बन्ध बनाते हैं ताकि वो लोग भी इन्हें अपने मुशायरों में आमन्त्रित करें।

इसी तरह शायरों की भी कई प्रजातियाँ होती हैं। इनमें से एक तो वो होते हैं जो वाकई शायर होते हैं। साहित्य का अध्ययन करते हैं। उनकी रचनाएँ साहित्य जगत को धनी बनाती हैं। शायरों की दूसरी प्रजाति में ऐसे शायर आते हैं जो तरन्नुम में शायरी सुनाते हैं। ऐसे शायर सिर्फ़ बेहतरीन आवाज़ और धुनों के दम पर मुशायरा दर मुशायरा सफ़र तय करते रहते हैं। ये शायर नौजवानों में ख़ासे लोकप्रिय होते हैं। इस क़िस्म के ज़्यादातर शायरों के पास आठ से दस ग़ज़लें होती हैं जिन्हें वो अलग–अलग मुशायरों में सुनाते रहते हैं। ये शायर ख़ुद स्तरीय शायरी नहीं कर पाते बल्कि ज़्यादातर दूसरों से ग़ज़ल लिखवाते हैं। चार–पाँच साल मुशायरों से कमाई कर ये शायर गुम हो जाते हैं।

तीसरी प्रजाति महिला शायरों की होती है। इनमें अधिकांश की कामियाबी उनके बनाव सिंगार और सुरीली आवाज़ पर निर्भर करती है। ऑल इंडिया मुशायरों में शिरकत करने के क़रीब 50 साल के दौरान मुशायरे के स्टेज पर सुर्ख़ियाँ बटोरनेवाली कुछ ही ऐसी

महिला शायर मिलीं जो ग़ज़ल या गीत लिखने की प्रतिभा रखती हों। बाक़ी तो उन उस्तादों के कलाम के सहारे शोहरत की मंज़िले तय करती रहीं जो उनके लिए ग़ज़लें और क़ते लिखकर देते थे। बहरहाल हक़ीक़त तो ये है कि महिला शायर ख़ुद ग़ज़ल लिखनेवाली हों या दूसरों से लिखवाकर पढ़नेवाली हों लेकिन मुशायरों की रौनक बढ़ाने में उनका अहम रोल रहता है।

शायरों और मुशायरा संयोजकों की तरह श्रोताओं की भी कई श्रेणियाँ होती हैं। पहली किस्म तो उनकी है जो शायरी से गहरा लगाव रखते हैं। ऐसे श्रोता अपने शहर ही नहीं बल्कि आसपास के इलाकों में भी मुशायरा हो रहा हो तो वहाँ शिरकत करने की कोशिश करते हैं। अच्छे शेर सुनकर दाद देते हैं और घटिया शेर सुनकर ख़ून का घूँट पीकर ख़ामोश रह जाते हैं। ऐसे श्रोताओं में बहुत से नियमित रूप से डायरी रखते हैं जिसमें ये मुशायरों में सुना अच्छा कलाम नोट कर लेते हैं। दूसरी श्रेणी के श्रोता वे होते हैं जो तफ़रीह का मौक़ा ढूँढ़ते रहते हैं। ये लोग कव्वाली और संगीत की महफ़िलों और फ़िल्मों की तरह मुशायरों को भी तफ़रीह का सामान मानते हैं। स्टेज पर जब महिला शायर कलाम सुनाने आये तो इनका जोश देखने के लायक होता है। अक्सर इनकी हरकतें मुशायरे का माहौल ख़राब कर देती हैं। श्रोताओं की एक ऐसी क़िस्म भी होती है जो मुशायरों के सहारे शहर के गण्यमान्य लोगों से निकटता हासिल करने के लिए मुशायरों में आती है। एक–दूसरे का हालचाल जानने, मशहूर शायरों से हाथ मिलाने और स्टेज पर किसी तरह थोड़ी देर के लिए जगह तलाशना इनकी प्राथमिकता होती है।

मुनव्वर राना

जो चीज़ कारोबार बन जाती है, उसका स्तर गिर जाता है। जैसे नेतागिरी कारोबार बन गया है तो राजनीति का स्तर बेहद घटिया हो गया है। तरन्नुम में पढ़नेवाले नौटंकीबाज़ शायरों के जमावड़े

होकर रह गये हैं आज के मुशायरे। आयोजकों में आपसी साँठगाँठ है, लोग एक–दूसरे को बुलाते हैं। मुशायरा पढ़नेवाला शायर है या नहीं इससे किसी को कोई सरोकार नहीं है। ऐसी महिलाओं को स्टेज पर आमन्त्रित किया, जिनका शायरी से कोई रिश्ता नहीं है। एक तरह की व्यक्तिगत नज़दीकी आयोजकों की शर्त पर आमन्त्रित होती है। ऐसे लोगों के बीच स्टेज पर बैठना शायरी और शायर के शान के ख़िलाफ़ है।

आज सी क्लास के मुशायरा पढ़नेवाले शायर की भी आमदनी 50 हज़ार रुपये प्रतिमाह है, जबकि महीने भर नौकरी करनेवाले अफ़सर की तनख़्वाह 35 हज़ार रुपये के आसपास है, और यही मुशायरे के स्तर गिरने की सबसे बड़ी वजह है। शायरी दुनिया का अकेला ऐसा इंस्टीट्यूट है जिसके लिए कुछ करना नहीं पड़ता। माइक कोई लगाता है, चन्दा कोई इकट्ठा करता है और शायर मंच पर पहुँचकर शायरी सुनाता है, और पैसा बटोरकर चला जाता है।

कहाँ रुकेगा मेरा कारवाँ ख़ुदा जाने

साहित्य और संस्कृति की अपनी तरह की इकलौती संस्था 'मुशायरा' का सफ़र जारी है। शब्दों का यह उत्सव आज भी हो रहा हैं। रंग, रूप, तेवर और लहज़ा बदलकर हो रहा है। सिर्फ़ हिन्दी–उर्दू भाषी राज्यों में ही नहीं बल्कि, बंगाल, उड़ीसा, गुजरात, तमिलनाडु, कर्नाटक, महाराष्ट्र, कश्मीर और केरल में भी। सिर्फ़ भारत और पाकिस्तान ही नहीं दुनिया के उन स्थानों पर भी मुशायरे हो रहे हैं जहाँ कभी सोचे भी नहीं गये थे। बड़े मुशायरों में पहुँचने वाली नौजवानों की अच्छी संख्या उम्मीद जगाने वाली है।

मीर चले गये, ग़ालिब ख़ामोश हुए, इक़बाल चुप हो गये, चकबस्त, फ़िराक़, फ़ैज़, साहिर, जिगर, जोश और ख़ुमार भी विदा हो गये लेकिन मुशायरे जारी हैं। पुराने मुशायरों की वीडियो रिकॉर्डिंग ने जॉन एलिया को फिर से ज़िन्दा कर दिया है। उन्हें अब फिर से समझा जा रहा है। यह उनके पढ़े गये मुशायरों की बदौलत ही हुआ कि मरने के सालों बाद उनका कलाम देवनागरी में छपकर सोशल मीडिया पर चर्चा में रहता है। केवल उर्दूभाषियों ही नहीं ग़ैर उर्दूभाषियों के बीच भी अहमद फ़राज़, नासिर क़ाज़मी, मजरूह और शहरयार जैसे भी जी उठे हैं। मगर बिना जाति, धर्म, वर्ग और देश का लिहाज़ किये हुए सबको अपने आँचल में समो लेने वाली मुशायरे की गंगा–जमुनी रिवायत में दूसरे समुदायों की घटती भागीदारी एक प्रश्नचिन्ह बन गयी है।

यह मनुष्य का स्वभाव है कि वह बीते समय की चीज़ों को बेहतर मानता रहा है। यह पीढ़ी–दर–पीढ़ी होता आ रहा है, पिछली पीढ़ी को शिकायत रहती है कि बदलते समय ने सब बर्बाद कर डाला उनके समय की बात ही कुछ और थी। मुशायरों को लेकर तो यह शिकायत मीर तकी मीर के समय से होती आ रही है हालाँकि तब मुशायरों का सुनहरा दौर शुरू ही हुआ था। पर मीर ने विचलित होकर कह दिया था– 'क्या रहा है मुशायरों में अब–लोग कुछ जमा आन होते हैं'। मीर को तब के राजनीतिक और सामाजिक हालात में मुशायरों की परम्परा में आ रहे बदलाव नागवार गुज़र रहे थे।

बहरहाल उर्दू के आशिक़ ज़िन्दा हैं तो मुशायरे भी जिन्दा हैं। क्योंकि फ़ारसी या अरबी के मुशायरों का वुजूद भारतीय उपमहाद्वीप में तो नहीं बचा है। मुशायरे सीधे उर्दू भाषा से जुड़े हैं और उर्दू मुसलमानों से जोड़ी गयी है। इसीलिए मुस्लिम बाहुल्य राज्यों में उर्दू अकादमियों की स्थापना की गयी। इन अकादमियों को जो बजट मिलता रहा उसे ख़र्च करने का सबसे सुरक्षित तरीक़ा मुशायरों का आयोजन है। जब–जब उर्दू ख़तरे में है की बात होती थी, ख़ासकर सातवें दशक के अन्त से, तब–तब राज्य सरकारें सूचना एवं जनसम्पर्क विभागों के माध्यम से मुशायरों का आयोजन करा कर यह जताती रही हैं कि वे उर्दू के विकास के लिए प्रयासरत हैं। हालाँकि ये आयोजन ख़ालिस राजनीति से प्रेरित रहे हैं इसलिए न तो स्तरीय मुशायरों का आयोजन हो पाता था न ही उर्दू के विकास में एक इंच की बढ़ोतरी हो पायी। ऐसे आयोजन सरकारी पैसे की बन्दरबाँट का ज़रिया बनकर रह गये।

मुशायरों का आधार बनी उर्दू के अस्तित्व पर अब भी चर्चा होती रहती है। बस यहीं सबसे महत्त्वपूर्ण प्रश्न उभरता है कि उर्दू कब तक ज़िन्दा रहेगी। एक बोली के तौर पर नहीं बल्कि एक भाषा के रूप में। किसी भी भाषा की अपनी संस्कृति होती है। उसकी कुछ विशेषताएँ होती हैं। अरबी, फ़ारसी, तुर्की, ब्रज, अवधी जिनके

आधार पर उर्दू का विकास हुआ, उर्दू से बहुत प्राचीन हैं लेकिन उर्दू में सबको समाहित कर सब तक पहुँचने की जो विशेषता रही उसी ने मुशायरे को स्थापित किया, लोकप्रियता दी, ऐसा लहजा दिया जिससे सबने इश्क़ किया। कुछ समय से महाराष्ट्र में मुम्बई सहित कई स्थानों पर स्कूली स्तर पर उर्दू के शेरों पर आधारित बैतबाज़ी (अन्ताक्षरी) प्रतियोगिताएँ नियमित रूप से आयोजित की जा रही हैं। इस तरह की छिटपुट कोशिशें बंगाल में भी शुरू हुई हैं। हालाँकि ये प्रयास बहुत आश्वस्त करने वाले तो नहीं है लेकिन कुछ न होने से कुछ होना हमेशा ही बेहतर माना गया है।

उधर वैश्विक स्तर पर अंग्रेज़ी की सुनामी ने, जिसका सीधा असर भारत पर बरसों से पड़ रहा है, कई भाषाओं के विस्तार पर ही नहीं उनके वुजूद पर भी गहरा असर डाला है। माना जा रहा है कि जो भाषा बेहतर रोज़गार देने में सहायक सिद्ध नहीं हो सकती उसके साहित्य में ठहराव तो हर हाल में आयेगा। उस भाषा में नये सोचने और लिखने वालों में क्रमशः कमी आती जायेगी। कई भाषाओं के साथ यह होता दिख भी रहा है जिसमें उर्दू भी शामिल है। इसके अलावा भारत और पाकिस्तान दोनों देशों में भाषायी राजनीति से भी उर्दू को विशेषकर जूझना पड़ा है। उर्दू के भविष्य को लेकर जो चिन्ताएँ हैं वे सीधे–सीधे मुशायरे के अस्तित्व से भी जुड़ी हैं।

वैसे तो सब कुछ ठीक–ठाक सा नज़र रहा है। पर ध्यान दें तो उर्दू तहज़ीब की बहुत–सी निशानियाँ गुम हो गयी हैं, कई स्तम्भ समय के थपेड़ों से ढह चुके हैं। मुशायरे की जो महफ़िलें अदब सिखाने की पाठशाला होती थीं, वो बदल गयी हैं। वहाँ व्याकरण, काव्य में नये प्रयोग, मुहावरों के प्रयोग के तरीक़े और कविता शिल्प जैसे मुद्दे अब नहीं रहे हैं। श्रोताओं की पसन्द, कविता को लेकर उनकी समझ, दृष्टिकोण और व्यवहार में भारी बदलाव आया है। शिष्टाचार के तरीक़े भी अब यहाँ सीखने को नहीं मिलते। मुशायरों में हा–हा ही–ही का माहौल दिखायी देना आम हो गया है।

व्यवस्था विरोधी शायरी करने वालों को मुशायरों में पढ़ने से पहले ही या तो रोका जाने लगा है या उन्हें आमन्त्रित ही नहीं किया जाता। मुशायरों में श्रोताओं के शामिल होने या मुशायरा आयोजित करने के लिए पहले की तरह परम्पराएँ, बन्धन या शर्तें नहीं रहीं, इसमें शामिल होना सबके लिए सुलभ है। इसकी लोकप्रियता ने इसे पॉपुलर कल्चर का हिस्सा बना दिया है इसलिए ये साहित्यिक गम्भीरता से भी दूर होते जा रहे हैं। सदियों लम्बी मुशायरे की दास्तान में नये–नये अध्याय जुड़ गये हैं। ये अच्छे हैं या बुरे इनका फ़ैसला समय को करना है। तो इस मिसरे के साथ बात ख़त्म की जानी चाहिए–

'कहाँ रुकेगा मेरा कारवाँ ख़ुदा जाने'

❑❑